El Nuevo Día

EDICIÓN REVISADA

Mauryeen O'Brien, O.P.

Traducido del Inglés
por
Martha Pezo-Marin

saint mary's press

El Nuevo Día, Edición Revisada
Un Camino del Dolor Hacia La Sanación
Mauryeen O'Brien, O.P.

Este libro está dedicado a todos los que sufren por la muerte de un ser querido, a todos los que han llegado a ellos a través de su ministerio y a todos los que me han estimulado a comenzar este ministerio del duelo, especialmente a John F. Whealon, Arzobispo de Hartford, CT (1969-1991), Carmella Jameson, mi primera facilitadora de un grupo de apoyo y a J. William Worden, autor de *Grief Counseling and Grief Therapy*.

Publicado previamente por ACTA Publications, 2010

9132

ISBN: 978-1-64121-014-0

Impreso en Estados Unidos de América

Contenido

Introducción

Si estás sufriendo recientemente por la pérdida de tu cónyuge u otro miembro de tu familia, necesitas darte un tiempo para atravesar el proceso natural del dolor. **El Nuevo Día** está basado en la premisa de que el escribir los pensamientos, sentimientos y experiencias propias, es la mejor ayuda para enfrentar el dolor causado por la muerte de un ser querido. No es una sesión de terapia. Es una oportunidad para atravesar el camino del dolor hacia la sanación.

El compartir pensamientos, sentimientos y experiencias propias con otros en situaciones similares, es una buena manera de atravesar el proceso del luto.

Lee las reflexiones y luego escribe tus respuestas a las preguntas hechas. Si puedes comparte tus respuestas con alguien más, ya sea con una persona o en un grupo.

Para poder seguir con tu vida después de la muerte de un ser querido, necesitas trabajar a través de las cuatro tareas del duelo. **La parte 1** está diseñada para ayudarte en eso. Solamente comple-tando esas tareas podrás moverte hacia el futuro, siempre recordando a tu ser querido y usando esos recuerdos para construir tu propio futuro.

La parte 2 se enfoca en continuar con el proceso del duelo, el cual realmente nunca acaba. Incluye secciones especiales sobre cómo planear tu nueva situación de vida.

Los apéndices ofrecen sugerencias para continuar escribiendo en tu diario, esas emociones especiales alrededor de los días de fi esta, después de la muerte de tu ser querido y lecturas futuras. También hay información importante sobre grupos de apoyo y oraciones especiales para ayudarte en el proceso.

Algunas Verdades Acerca Del Duelo

Antes de empezar a usar este libro, es importante que reconozcas algunas verdades acerca del proceso del duelo:

- La pena (dolor) es una reacción natural y normal a la pérdida de un ser querido.

- Muy pocos de nosotros estamos preparados para el largo camino de la pena, el cual es a veces devastador, espantoso y a menudo solitario.

- La pena ha sido comparada con una herida abierta y profunda. Con un buen cuidado eventualmente sanará, pero siempre dejará una cicatriz. La vida nunca será igual pero con el tiempo mejorará.

- No dos personas sufren de la misma manera.

- Para poder atravesar la pena, uno debe trabajar en ella. No hay otra opción.

- El cuidarse a sí mismo no significa ser egoísta.

- La mejor terapia para la pena es encontrar a alguien que escuche nuestra "historia de dolor".

- A no ser que sea absolutamente necesario, uno no debe tomar decisiones grandes durante las primeras etapas del duelo, porque el juicio en este tiempo no es muy claro como en un tiempo normal.

- Atravesar el dolor de la pena muchas veces toma más tiempo de lo que la gente espera.

- Tome cada hora, cada día, cada semana, cada mes, cada año…uno a la vez.

Las Emociones De La Pena

Cada persona tiene su tabla de tiempo y estilo de sufrir. Habrán muchas emociones ligadas al trabajo del duelo. Algunas personas experimentarán todas ellas y otras sólo algunas. Nadie las experimenta en orden. Algunas de estas emociones son:

- Incredulidad/negación
- Culpabilidad
- Ansiedad/miedo
- Desvalimiento/Abandono
- Baja auto-estima.
- Idealización
- Soledad
- Depresión
- Síntomas físicos
- Ira
- Negociación
- Preocupación

Escribir Un Diario

Escribir un diario es una buena forma de entender lo que nos está pasando.

Todo lo que necesitas hacer es anotar tus pensamientos, sentimientos, ansiedades, preguntas, etc. No te preocupes acerca de la estructura de las oraciones o la letra. Sólo deja que el bolígrafo se mueva a través del papel mientras escribes desde lo más profundo de tu corazón.

Mantener un diario puede ser una forma de oración. Regularmente el mantener un diario personal puede traer el esfuerzo deseado de orar cada día. Nos puede ayudar a ver más claramente dónde hemos estado, dónde estamos y a dónde iremos en nuestra jornada para finalmente estar con Cristo Nuestro Señor.

El diario es una herramienta para el crecimiento espiritual personal. Te permite tener una visión de ti mismo/a, tus ritmos, tu dirección y una percepción clara de eventos específicos de tu vida diaria y las emociones que las acompañan.

Es importante que empieces a escribir la historia de lo que te ha pasado a partir de la pérdida de tu ser querido. Desarrollar esta historia es vital para moverte del dolor que atraviesas ahora, hacia un punto donde puedas empezar a sanar.

Entonces empecemos. Este es un **"Nuevo Día"**!

LAS CUATRO TAREAS DEL DUELO

ACEPTAR LA REALIDAD DE LA PÉRDIDA

VIVIR EL DOLOR DE LA PENA

AJUSTARSE A UN AMBIENTE EN EL CUAL EL DIFUNTO YA NO ESTÁ

"RELOCALIZAR EMOCIONALMENTE" AL DIFUNTO Y CONTINUAR CON LA VIDA

1

Aceptar La Realidad De La Pérdida

ORACIÓN

"Yo Soy la Resurrección y La Vida"

Cuando llegó Jesús, Lázaro llevaba cuatro días en el sepulcro. Betania estaba como a dos kilómetros y medio de Jerusalén y muchos judíos habían venido para consolar a Martha y a María por la muerte de su hermano. Cuando Martha supo que Jesús venía de camino, salió a su encuentro, mientras que María permaneció en casa.

Martha, pues, dijo a Jesús: "Si hubieras estado aquí, mi hermano no habría muerto. Pero cualquier cosa que pidas a Dios, yo sé que Dios te la dará". Jesús dijo: "Tu her-mano resucitará". Martha respondió: "Yo sé que resucitará en la resurrección de los muertos, en el último día".

Jesús dijo: "Yo soy la Resurrección. El que cree en mí, aunque muera, vivirá. El que vive por la fé en mí, no morirá para siempre. ¿Crees esto?".

Ella contestó: "Sí Señor, porque yo creo que Tú eres el Cristo, el hijo de Dios que ha de venir a este mundo".

Juan 11:17-27

Selecciones adicionales de las Escrituras:
- Job 19:1,23-27
- Salmo 122:1-9
- Mateo 26:36-44

9

¿Qué es el Duelo (luto)?

El duelo es el proceso por el cual nos adaptamos a una pérdida. La muerte de un ser querido puede ser el tipo de duelo más doloroso y difícil. El proceso de duelo por la muerte de un ser querido, es diferente entre una persona y otra, inclusive en su duración. Nunca dos personas experimentan el duelo de la misma manera.

Las manifestaciones o efectos del duelo pueden ser:
• Sociales (en nuestra relación con otras personas)
• Fisiológicas (en nuestros cuerpos)
• Psicológicas (en nuestras mentes) y
• Espirituales (en nuestras almas o espíritus)

Manifestaciones sociales de la pena frecuentemente incluyen:
• Cambio en los patrones normales de comportamiento como por ejemplo no estar hábil para iniciar y mantener un patrón organizado de actividad.
• Impaciencia, desasosiego, falta de concentración y dificultad para estar quieto.
• Algunas veces la persona evita las actividades sociales.

Las manifestaciones fisiológicas (físicas) y psicológicas de la pena pueden ser:
• Anorexia y otros malestares gastrointestinales.
• Pérdida de peso.
• Insomnio.
• Llanto súbito e incontenible.
• Tendencia a suspirar.
• Falta de energía. Agotamiento físico.
• Vacío y sentimientos de pesadez o como tener algo atravesado en la garganta.
• Palpitaciones aceleradas del corazón.
• Síntomas de ansiedad como nerviosismo y tensión.
• Pérdida del deseo sexual o hipersexualidad.

• Apatía o por el contrario estar buscando algo para hacer.
• Dificultad para respirar y muchos otros.

Las manifestaciones espirituales que algunas personas pueden mostrar:
• Dudas o pérdida de la fé.
• Cólera contra Dios.
• Rezar por milagros o pedir a Dios que acabe con la propia vida.
• Volverse extremadamente piadoso o dejar de ir a la Iglesia por completo.

Todas estas manifestaciones son normales, naturales y pueden darse algunas o todas.

Antes de empezar el proceso del duelo debemos **aceptar la realidad de la pérdida**.

"Cuando alguien muere, aunque la muerte sea esperada, hay siempre el sentido de que no ha pasado. La primera tarea de la pena es convencerse que volver a ver a la persona que ha muerto, no será posible en esta vida…. Muchas personas que han sufrido una pérdida, se encuentran llamando a la persona muerta y a veces tienden a pensar que otros que se parecen a la persona, son realmente la persona" (Worden, pp.10-11).

Algunas personas se rehusan a creer que la muerte es real y se atascan en el proceso de la pena en la primera tarea. La negación puede ser practicada en diversos niveles y tomar varias formas, pero mayormente envuelve a los hechos de la pérdida, el significado de la pérdida o la irreversibilidad de la pérdida.

La primera reacción a una pérdida es el sentido de irrealidad: **"No pasó"**, **"Es todo un mal sueño"**, **"Me despertaré pronto"**. Gradualmente, tanto intelectual como emocionalmente, se debe aumentar el conocimiento de la realidad.

PREGUNTAS

Es crítico para la recuperación que el darnos cuenta de la realidad de la pérdida se incremente gradualmente, tanto intelectual, como emocional y espiritualmente.

Trata de escribir algunos pensamientos a las siguientes preguntas en el espacio indicado. Si puedes y deseas, comparte tus respuestas con alguien o con el grupo.

¿Quién murió? ¿Qué relación tenía contigo?

¿Quién te lo dijo?

¿Estabas allí cuando murió o dónde estabas cuando te lo dijeron? ¿Cuál fué tu reacción?

¿Dónde ocurrió la muerte? ¿Cómo sucedió?

¿Qué se dijo en el servicio acerca de él/ella que quieres recordar?

LECTURA

Nuestra Jornada de Dolor puede estar llena de Crecimiento.

"Yo no entiendo a Dios" dijo Juana muy enfadada, cuando contaba la historia de la muerte de su esposo un año atrás. "Jesús prometió que cualquier cosa que pidamos en su nombre Él nos dará … Yo le rogué que curara a Roberto de su cáncer. Dediqué un mundo de sacrificios. Yo trabajé para la Iglesia. Hice trabajo voluntario en el hospital. Yo creí en sus promesas, pero el Señor me falló. Él no curó a Roberto".

Roberto había sido diagnosticado con un tipo de cáncer muy raro el cual no se podía operar ni curar. Juana, una católica devota, rezaba por él cuando iba a las citas médicas, cuando se quedaba en el hospital y cuando pasaba por los tratamientos que dejaban su cuerpo débil y adolorido. A pesar de que su cuerpo sufría, el corazón y la mente de Roberto permanecían fuertes, llenos de esperanza y con un espíritu vivaz. Las oraciones de Juana se apoderaban de él y le daban una paz y gozo interior en medio del sufrimiento que su cuerpo experimentaba.

Roberto encontraba difícil compartir cómo se sentía porque no era una persona que pudiera ponerle palabras a sus sentimientos, por lo que Juana nunca supo cómo sus oraciones lo esta-ban ayudando. Lo que ella experimentaba era desaliento al pensar que Dios no escuchaba sus oraciones. "Yo le pedí un milagro" decía llorando, "¿Por qué Dios no me dió mi milagro?"

No hay respuestas a las preguntas de Juana… al menos no r espuestas fi jas o fáciles. Cuando alguien está sufriendo por la muerte de un ser querido, no es el tiempo para recordarle que Dios no interfi ere en el curso natural de eventos; o que los milagros no están confi nados a la sanación del cuerpo. No tiene sentido recordarle al que sufre, que el verdadero milagro es que en la muerte nos unimos con Dios. No es el momento de decirle a la persona que se mejorará y que podrá vivir una nueva vida. A la persona sufrida se le debe permitir sufrir. Se debe permitir pasar por la experiencia de la pena, por más dolorosa que sea, porque de otra manera nunca crecerá.

Juana tendrá ira. Ira contra Roberto por haberla dejado viuda joven; ira consigo misma por no haber podido evitar que él la dejara; ira contra Dios por no haber realizado el milagro de curarlo. Juana negará todo el evento y aún pretenderá que nunca pasó. Ella se deprimirá y su depresión se manifestará en diversas formas: falta de energía, lágrimas incontrolables, desesperación, soledad y descuido de si misma.

Juana debe empezar a trabajar en un proceso que es tan viejo como la historia humana y tan natural como la vida misma. Ella tiene que sufrir la pérdida de su esposo y es a través del sufrimiento que ella llegará a la aceptación, a cerrar la puerta y comenzar activamente una nueva vida.

"El Nuevo Día" está diseñado para ayudarte a empezar de nuevo.

El término "trabajo" está usado a propósito, porque el dolor o la aflicción es trabajo. No se nos quita la pena o la pérdida; tenemos que hacer el compromiso de batallarla. Pero la batalla puede causar crecimiento. Igual que el árbol en el libro de Mary Fahey ***"The Tree That Survived The Winter"*** (El árbol que sobrevivió el invierno), tuvo que atravesar la pérdida de la belleza; tuvo que experimentar frío, viento y nieve antes de comenzar a sentir el calor y la vida que trae la primavera. Del mismo modo nosotros, que vivimos la pérdida a través de la muerte, debemos trabajar nuestra pena antes de comenzar a vivir y crecer de nuevo.

Para que algo crezca debe ser nutrido. Sabemos que la luz del sol y el agua nutren al árbol. Sabemos que Dios nos nutre aún cuando la vida parece dura. Muchas veces esto pasa a través de otras personas. Nosotros los humanos, a diferencia de los áboles, tenemos la capacidad de elegir si aceptamos o no ser nutridos. Si lo hacemos, eso nos ayudará en el trabajo para atravesar nuestra pena.

La pérdida de alguien que queremos puede causar gran amargura y dolor. Como Juana, muchas veces nuestra amargura se torna con-tra Dios porque sentimos que nos ha fallado. No importa cuán amargados estemos, tarde o temprano, si trabajamos, podremos comenzar a darnos cuenta de la verdad: Dios no nos quita nuestros sufrimientos y tragedias de la vida, sino que camina a nuestro lado mientras los atravesamos. Aunque el árbol deja caer sus hojas en el invierno y parece no tener vida, continuamente está cogiendo y almacenando los rayos del sol del invierno. En la batalla por sobrevivir, absorbe la luz y el calor para luego llegar al renacer y florecer de la primavera.

Una mujer joven que perdió a su hijo adolescente dijo asombrada: "¿Sabes? Es difícil creer que después del caos que he pasado en mi vida desde la muerte de mi hijo Bill me puedo sentir fuerte. Créanme que si pudiera cambiar lo que pasó, lo haría porque yo amaba a mi hijo y me hubiera gustado verlo convertirse en un hombre. Soy una persona fuerte ahora porque trabajé duro para atravesar mi pena y mantener mi creencia en Dios".

Los árboles sobreviven invierno tras invierno. Unos crecen altos y otros se quedan enanos. Algunos árboles son derechos y otros son torcidos e inclinados. Cada uno es diferente y cada uno sobrevive en su forma particular en los meses de otoño e invierno. Pero en su viaje, en el trabajo por sobrevivir, todos alcanzan la misma meta: ***"Crecimiento"***.

De la misma manera nosotros, al atravesar nuestra pena, haremos lo mismo que el ár-bol en nuestra forma única y atravesaremos nuestro duelo en diferentes niveles. Pero el trabajo y empeño que pongamos en la batalla, dará paso a un nuevo crecimiento y vida para nosotros.

"Yo soy la Resurrección y la Vida.."
(Juan 11:25)

En las siguientes páginas escribe la historia de la muerte de tu ser querido. Incluye los recuerdos con los detalles de lo que pasó y lo que la gente dijo acerca de tu ser querido.

Si necesitas más espacio, agrega hojas adicionales al libro.

_____

_____

_____

_____

_____

_____

_____

_____

_____

_____

_____

_____

_____

_____

_____

_____

_____

_____

_____

_____

_____

_____

_____

ORACION FINAL

Lee en voz alta la "Oración de la Serenidad" que está en la página 84 de este libro.

Aceptar La Realidad De La Pérdida

ORACIÓN

Por aquel tiempo exclamó Jesús:

"Yo te alabo, Padre, Señor del cielo y de la tierra, porque has mantenido ocultas estas cosas a los sabios y prudentes y las revelaste a la gente sencilla. Sí, Padre, así te pareció bien. Mi Padre puso todas las cosas en mis manos. Nadie conoce al Hijo sino el Padre, ni nadie conoce al Padre sino el Hijo y aquellos a los que el Hijo quiere dárselo a conocer.

Vengan a mí los que se sienten cargados y agobiados, porque yo los aliviaré. Carguen con mi yugo y aprendan de mí, que soy paciente de corazón y humilde y sus almas encontrarán alivio. Pues mi yugo es bueno y mi carga liviana"

(Mateo 11:25-30)

Selecciones Adicionales de las Escrituras:
- Isaías 25: 6a, 7-9
- Salmo 116: 5-6,10-11,15-16
- Mateo 5: 1-12a

"Trabajar para seguir adelante con nuestras vidas"

"El Reino de los Cielos es semejante a un comerciante que busca perlas finas. Si llega a sus manos una perla de gran valor, vende cuanto tiene y la compra" (Mateo 13:46)

Imagínate por un minuto lo que experimentarías si estuvieras buscando una perla de gran valor, o fueras a participar en el concurso de TV "La rueda de la Fortuna". Quizá estás estudiando para obtener un título universitario o tal vez construyendo la casa de tus sueños, ¿En qué clase de camino estarías? ¿Cuán largo sería? ¿Con qué tropiezos te encontrarías en el camino?

El camino probablemente sea largo. Sabemos que toma tiempo lograr la fama, la fortuna, la comodidad y la felicidad. El camino podría ser difícil y costoso. Nunca obtenemos algo a cambio de nada. El camino tendrá sus propios obstáculos. No hay carretera completamente llana. Aún así caminaríamos ese sendero, si de alguna manera estuviéramos seguros de encontrar un tesoro al final de la jornada.

El Evangelio de San Mateo nos dice: "El Reino de los cielos es semejante a un comerciante en busca de perlas preciosas; cuando encuentra una de gran valor, va y vende todo cuanto tiene para poder comprarla" (Mateo 13:45-46). Primero él camina, luego la encuentra, pero después tiene que trabajar duro y sacrificarse para poder poseerla.

¿Qué tiene que ver todo esto con nosotros que hemos perdido un ser querido? Estamos muy tristes por nuestra pérdida y continuaremos sufriendo hasta que podamos atravesar la pena. El camino será largo y difícil con sus propios obstáculos, pero la recompensa será grande porque estaremos en el camino hacia la sanación.

Alguien una vez escribió:

"Un dedo cortado
está entumecido antes de sangrar,
sangra antes de doler.
Duele hasta que comienza a sanar,
forma una costra y pica hasta que
finalmente deja una cicatriz,
donde una vez hubo una herida."

Sufrir la pérdida de un ser querido es la herida más profunda que podríamos haber tenido. Como el dedo cortado, pasa por etapas antes de que finalmente deje una cicatriz.

Nuestro sufrimiento por la pérdida se puede manifestar en:

- Ira
- Incredulidad
- Y muchas otras emociones.
- Regateo (negociación) con Dios.
- Depresión

Estas emociones pueden ocurrir repetidamente, sin ningún orden, sin ningún patrón. Lo único que hay que recordar es que son normales, no estás loco/a. Son tan naturales como dormir cuando estamos cansados, comer cuando tenemos hambre etc.

Tal vez no atravieses por todas esas emociones, o tal vez atravieses alguna, pero ellas te pueden ayudar en el camino hacia esas perlas de gran valor: aceptación, paz y crecimiento. Somos nosotros los que debemos ir en busca de ese tesoro, estando dispuestos a sacrificar lo que sea para poseerlo.

Ana, una mujer joven que trataba de llegar a la aceptación de la muerte de su esposo, se decía a sí misma al principio por lo menos veinte veces al día: "Juan realmente no murió. Es sólo un mal sueño". Gradualmente Ana terminó reconociendo, tanto intelectualmente como emocionalmente, que Juan había muerto y que su vida cambiaría para siempre. Ella decía que sin darse cuenta empezó a admitir que Juan no regresaría del trabajo cada tarde a las 5:30 p.m.

Jaime, un hombre de mediana edad cuya esposa murió después de un largo matrimonio, pensó que estaba perdiendo la razón cuando empezó a experimentar sentimientos que nunca pensó tener. El pensó que ya no era normal. Se sentía enojado y celoso de los que todavía tenían sus esposas. También se sentía culpable y solitario al mismo tiempo, una y otra vez.

Los psicólogos nos dicen que los sentimientos no son ni buenos ni malos. Son neutrales, son sólo sentimientos. La tarea que Jaime tiene y que todos nosotros tenemos para poder continuar con nuestra vida, es identifi car y nombrar esos sentimientos y averiguar cómo bregar con ellos.

Tenemos que aceptar nuestros sentimientos de dolor, rabia, impotencia y traición como parte del hecho de que somos seres humanos. Una de las ayudas más grandes al hacer esto, es aprender a reconocer esos sentimientos y expresarlos a nosotros mismos y a los demás. Tarea difícil, pero debemos experimentarlo completamente, meternos en nuestro dolor. ¡Oh cómo duele y cómo necesitamos hacerlo!.

Nadie necesita decirte cómo la muerte del ser querido cambia nuestro mundo. Lo sabemos porque lo hemos experimentado. En el comienzo de nuestro camino de dolor, vivimos en un período de transición. Durante este tiempo necesitas examinar qué se ha perdido, qué ha cambiado, qué continúa igual etc.

María, quien estuvo casada por 27 años antes de la muerte de su esposo, reconoce sus pérdidas de esta manera: "¿Sabes? Aparte de perder a mi esposo, también he perdido papeles muy importantes en mi vida. Ya no soy la esposa de Carlos, ya no soy su compañera de tenis o la mujer que comparte cuentos divertidos con él. He perdido mi pasado, pero también he perdido mi futuro".

Una vez que María empiece a darse cuenta de todas las "pérdidas secundarias" que ha experimentado, ella será capaz de explorar nuevos papeles que empezarán a aparecer en su vida. Regresó a la escuela, renovó sus amistades antiguas e hizo nuevas; también hizo trabajo volunatrio en su iglesia. Empezó la nueva vida que su esposo hubiera querido para ella.

Tenemos nuevos mundos para explorar, nuevos sentimientos por sentir, nuevas relaciones con las cuales crecer. Muchas cosas han cambiado, pero muchas otras continúan iguales. No, nunca terminaremos completamente con nuestros sentimientos y tristezas y todo eso está bien, pero en el proceso de la pena, "un nuevo yo" resultará.

No vendrá fácil ni rápido, pero vendrá. La oportunidad de nueva vida ha llegado para Jaime, Ana y María, pero tuvieron que trabajar duro. Ellos buscaron continuamente esa perla de gran valor y pagaron mucho por ella. Una vez que la encontraron, fueron capaces de seguir adelante con sus vidas. Del mismo modo, nosotros podemos lograrlo si ponemos todo nuestro esfuerzo en ello.

PREGUNTAS

Si tuviéramos que encontrar la "perla de gran valor", nosotros tendríamos que empezar la jornada del dolor hacia la sanación. Trata de escribir algunos pensamientos como respuesta a las siguientes preguntas en el espacio designado. Comparte tus respuestas con alguien si así lo deseas.

¿Qué sentimientos son muy fuertes en tí en estos momentos?

¿Cómo has manejado estos sentimientos?

¿Qué te gustaría cambiar con respecto a la forma de manejar tus sentimientos?

¿Cómo has tratado de llevar tu duelo con tus familiares y amigos?

¿Qué cosas te gustaría dejarle saber a tus familiares y amigos acerca de tus necesi-dades?

¿Cómo te estás preparando especialmente para esos momentos difíciles: cumpleaños, aniversarios de boda, aniversarios de muerte y días feriados (Día de Acción de Gracias, Navidad etc.)?

Manifestaciones de una Aflicción Normal

"Siento que me estoy volviendo loco/a" es una frase comúnmente dicha por la gente que está viviendo el duelo. Esto es porque las emociones que estamos sintiendo son tan crudas, tan descontroladas, tan dolorosas, tan nuevas, que sentimos que debe haber algo malo con nosotros. Pero estos sentimientos son normales.

Aquí les describimos algunos de los sentimientos más comunes:

Tristeza. La tristeza es el sentimiento más común manifestado por alguien que sufre la pérdida de un ser querido. El llorar muchas veces descontroladamente es parte de esto.

Ira/Enojo. Es con frecuencia una manifestación vivida por el que sufre. La ira/enojo viene de dos fuentes:
1. Del sentido de frustración de que no hubo nada que pudiéramos haber hecho para evitar la muerte del ser querido.
2. Nos sentimos incapaces de vivir sin la persona. A veces dirigimos nuestra ira contra otras personas, culpándoles por la muerte. Quizá culpemos al doctor o al proveedor del cuidado de la salud, a otros miembros de la familia, al propio difunto y frecuentemente a Dios. Algunas veces tornamos nuestra ira hacia el interior, en contra de nosotros mismos.

Culpabilidad. La culpabilidad es una experiencia común de los sobrevivientes. Sentimos culpa por no haber sido lo suficientemente tiernos con la persona fallecida, por no haberle llevado a tiempo al hospital, por no haber estado presente al momento de la muerte. La culpabilidad es generalmente sobre algo que pasó o sobre algún descuido alrededor del tiempo de la muerte. Mayormente la culpabilidad es irracional, pero también necesita ser hablada y afrontada.

Ansiedad. La ansiedad mayormente viene de dos fuentes. La primera, el sobreviviente teme que no va a poder cuidarse a sí mismo. La segunda, la ansiedad trae a la conciencia nuestra propia mortalidad, realzada por la muerte de nuestro ser querido.

Soledad. La soledad es un sentimiento comúnmente expresado por los sobrevivientes, especialmente si tenían una relación íntima diaria con el fallecido/a. No es meramente la ausencia física del ser querido lo que hace sentirse solo/a, sino la permanencia de esa ausencia a causa de la muerte. Esta soledad está llena de tristeza porque nos hace falta la persona con quien compartíamos. Es en tiempos como éstos que necesitamos buscar el apoyo y el entendimiento de otros.

Fatiga. Este es un sentimiento general de estar cansado todo el tiempo. La fatiga vista en personas pasando por el duelo, algunas veces se muestra como apatía o indiferencia, pero es usualmente puro cansancio por el trauma.

Desamparo. Este sentimiento está frecuentemente presente en la etapa temprana de la pérdida.

Choque. El choque (shock) ocurre mayormente en el caso de una muerte súbita e inesperada. Algunas veces, aún si la muerte va precedida de una larga enfermedad y es esperada, puede causar que el sobreviviente experimente choque.

Anhelo. El anhelo por la persona perdida es una expe-riencia común de los sobrevivientes. Es una respuesta normal a la pérdida. Cuando comienza a disminuir, puede ser una señal de que el sufrimiento está llegando a su fin.

Alivio. Muchas personas sienten alivio después de la muerte de un ser querido, especialmente si la persona ha sufrido una enfermedad bastante larga y particularmente dolorosa. Esta es una reacción normal y no debe causar culpabilidad.

Entumecimiento. Después de la pérdida, algunas personas se sienten entumecidas. Este entumecimiento mayormente se siente al inicio del proceso de la pena, usualmente enseguida de haberse enterado de la muerte. Es la manera natural de protegernos de sentir muchos o muy dolorosos sentimientos a la vez.

Todos estos sentimientos son signos de que estamos atravesando por un proceso de duelo normal y saludable.

No debemos negarlos o tratar de suprimirlos, sino mas bien reconocerlos por lo que ellos son.

(Para lecturas futuras en este tópico, ver *Grief Counseling and Grief Therapy* por J. William Worden.)

DIARIO

"Vengan a mí los que se sienten cargados y agobiados,
porque yo los aliviaré." (Mateo 11:28)

En las siguientes dos páginas describe los papeles o roles importantes que tu ser querido tuvo en tu vida. Escribe cuáles de ellos tendrás que llenar ahora y cómo planeas hacerlo. Si necesitas más espacio para escribir, puedes añadir hojas a tu diario.

_____

_____

_____

_____

_____

_____

_____

_____

_____

_____

_____

_____

_____

_____

_____

_____

_____

_____

_____

_____

_____

_____

_____

ORACION FINAL

Lee en voz alta la "Oración de la Serenidad" que está en la página 84 de este libro.

2

Vivir El Dolor De La Pena

ORACIÓN

Dirijo la mirada hacia los cerros
en busca de socorro.
Mi socorro me viene del Señor,
que hizo el cielo y la tierra.

No deja que tu pie dé un paso en falso,
no duerme tu guardián;
jamás lo rinde el sueño o cabecea
el guardián de Israel.

El Señor te custodia y te da sombra,
está siempre a tu diestra:
durante el día, el sol no te maltratará
ni la luna de noche.

Te preserva el Señor de cualquier mal
y protege tu vida;
él te cuida al salir y al regresar,
ahora y para siempre.

Salmo 121

Selecciones Adicionales de las Escrituras:
- Romanos 8:14-23
- Lamentaciones 3:17-26
- Juan 12: 23-26

Culpabilidad y Enojo: Productos del Dolor de la Pena

La pena es dolorosa. Esto es un hecho. Lloramos por la persona perdida, queremos recuperar a uestro ser querido y protestamos por su ausencia permanente de nuestras vidas. La realidad nos hace darnos cuenta pronto que necesitamos seguir adelante, aunque nuestra incapacidad para enfrentar el dolor muchas veces hace esto imposible.

La separación de cualquier clase nos causa dolor y una separación permanente causa un dolor intenso. Este dolor produce sentimientos que con frecuencia nos hace parecer que estamos fuera de control.

Debemos empezar a identifi car y trabajar con estos sentimientos. Ellos no son buenos o malos, positivos o negativos. Ellos están meramente allí y debemos aceptarlos como parte normal del proceso del duelo. No todos experimentan la misma clase de pena o sienten el dolor en la misma forma, pero todos debemos trabajar para atravesar la pena de una manera o de otra.

No escuches a la gente que te dice: "No muestres tus sentimientos", "Manténte bien cupado/a para que no pienses o sientas"o "Haz un viaje para aliviar tus emociones" A pesar de lo duro que es, necesitamos dejar que el dolor de nuestra ena nos llegue profundamente ahora, después de la muerte de nuestro ser querido, porque de lo contrario lo cargaremos con nosotros por el resto de nuestras vidas.

Culpabilidad. Siempre hay algunos sentimientos de culpabilidad después que muere alguien que uno ama. Tal vez te sientas culpable por no asegurarte que la persona cuidara de su salud o de haber ido al hospital más pronto. Una larga enfermedad puede llevar a sentimientos de resentimiento hacia la persona y por consecuencia te sientes mal por eso. Una muerte súbita o accidental puede dar paso a sentimientos de "Si sólo yo ubiera…"

Si has experimentado la terrible tragedia de un suicidio, familiares o amigos podrían culparte por las acciones de la persona suicida o tú culparte a ti mismo por lo acurrido.

Estos sentimientos de culpabilidad son normales pero necesitamos enfrentarlos. Si hay algo por lo que deberíamos sentirnos culpables, necesitamos perdonarnos a nosotros mismos y buscar el perdón de los demás, aún del ser querido que ha muerto. Quizá neceitemos encarar nuestra culpabilidad en un nivel spiritual y pedir el perdón de Dios. Algunas veces nuestra culpa puede ser más de lo que podemos afrontar solos. En esos casos, es de mucha ayuda hablar de nuestros sentimientos con amigos y familiares y deberíamos considerar también el tener ayuda profesional.

Es más probable, sin embargo, que cualquier sentimiento de culpabilidad, venga meramente del hecho de que somos seres humanos y no somos perfectos.

No podemos controlar las acciones de los demás o lo que les pase. Sólo podemos amarlos y amarnos a nosotros mismos.

Ira/enojo. El enojo es otra reacción fuerte pero normal al dolor de la pena. Dependiendo de nuestra personalidad y las circunstancias de la muerte de nuestro ser querido, podemos experimentar ira o enojo en varios grados. Nosotros podemos estar enojados con los doctores y enfermeras por no salvar a nuestro ser querido. Si hubo un accidente, quizá estemos enojados con quien lo causó o tal vez enojados con el ser querido por haber sido descuidado/ a. Nuestro enojo podría ser contra Dios: "¿Qué clase de Dios permitiría que esto pase?", "¿Por qué Dios permitió que me pasara esto a mí?".

Necesitamos expresar esta ira/enojo y podemos hacerlo en diferentes maneras: gritando, llorando, haciendo ejercicios fuertes, pegándole a algo, escribiendo, hablando con alguien. No importa qué forma de expresión usemos, necesitamos sacarlo hacia afuera y no amontonarlo dentro de nosotros.

El enojo vendrá y se irá y no hay nada malo con eso. Necesitamos trabajarlo y sacarlo hacia afuera en una manera saludable para nosotros y socialmente aceptable. No expresarlo puede ser dañino para nosotros y los demás.

(Para futuras lecturas en este tópico, ver "*Grief Counseling and Grief Therapy*" por J. Wiliam Worden)

PREGUNTAS

Dolor, culpabilidad, enojo son todos parte natural del proceso de sanación. Trata de escribir algunos pensamientos en las siguientes preguntas en el espacio designado. Comparte tus respuestas con alguien más si así lo deseas.

¿Cuáles son las diferentes formas en que estás herido/a a causa de la muerte de tu ser querido?

¿Cómo tratas de evitar o negar el dolor?

¿Qué te han dicho los demás acerca de tu pena? ¿Cómo ha sido beneficioso o dañino para ti sus consejos?

Nombra algunas razones por las que quizá estés sufriendo de culpabilidad con respecto a la muerte de tu ser querido. Incluye gente que están haciéndote sentir culpable, aún sin darse cuenta de ello.

¿Cómo podrías superar esos sentimientos?

¿Cómo has expresado tu enojo sobre la muerte de tu ser querido?

¿Has estado enojado con Dios? ¿Qué vas a hacer al respecto?

LECTURA

Emociones que Surgen Después de la Muerte de Alguien que Queremos.

El duelo (pena) es una parte integral de la respuesta humana a cualquier pérdida, especialmente la muerte de un ser querido. Cuando nosotros sufrimos, muchas de nuestras emociones humanas se intensifican.

En su libro clásico, "On Death and Dying", Elizabeth Kubler-Ross describe cinco etapas que se presentan en el proceso del duelo:

negación, enojo, negociación (regateo), resig-nación/depresión y aceptación. Es importante entender que estas etapas son normales y saludables, pero también que es necesario atravesarlas si queremos sanar nuestra pena. Estas reacciones ocurrirán una y otra vez y generalmente nunca en orden. Algunas personas las experimentan todas y otras sólo algunas.

Negación. Usualmente se enfoca en no querer dejar ir a la persona que murió. "No, esto no puede estar pasándome a mí" decimos llorando.

Lo opuesto de la negación es decirle a todo el mundo que estás bien, ponerte indiferente y no mostrar tus emociones.

En realidad, nosotros necesitamos decir la historia de la muerte de nuestro ser querido una y otra vez, de tal manera que podamos escucharnos a nosotros mismos reconocer que la persona realmente ha muerto y escuchar nuestra propia tristeza.

Otra forma de negación es nuestro rechazo a admitir nuestra propia mortalidad. La muerte de un ser querido nos empuja a encarar lo inevitable de nuestra propia muerte antes de poder aceptar la muerte de otro.

Ira/Enojo. Es principalmente un sentimiento de desamparo. "¿Que hice yo para merecer esto?" nos preguntamos a nosotros mismos. El enojo puede estar dirigido a muchas personas: a la persona que murió, a las personas del hospital, a Dios, a nosotros mismos, a aquellos que todavía tienen a su cónyuge, a los hijos, padres etc.

Cuando sufrimos, con frecuencia tenemos dificultad para expresar cuán furiosos estamos, pero necesitamos sacar esa ira hacia afuera y compartirlo con otros. Ciertamente que debemos aprender a lidiar con nuestra ira en forma constructiva, pero reprimirla no es la respuesta adecuada. La ira es una respuesta natural, normal y humana a la muerte.

Negociación/regateo. Cuando estamos afligidos, tratamos de "negociar" la salida de la realidad de nuestra situación con muchos "Si tan sólo…" "Si por lo menos yo hubiera hecho que mi esposo vaya al doctor (o tome sus medicinas, o se quedara en cama)"

"Si tan sólo nuestro hijo no hubiera manejado en la noche".

Tratamos aún de negociar retrospectivamente con Dios: "Si no me hubieras quitado a mi hijo, yo hubiera…". La vida y la muerte son el resultado de muchas fuerzas incontrolables y los "si sólo…" no pueden cambiarlos.

Resignación/Depresión. Otro estado de la aflicción (pena) es la resignación que puede convertirse en depresión a menos que se atraviese completamente por el proceso de la pena, porque sino, uno se puede volver amargo/a consigo mismo/a.

Hay muchos cambios de humor en el proceso del duelo. Sin embargo si trabajamos con ellos, los "bajos" gradualmente disminuirán y serán menos severos. Los "altos" durarán más y serán más frecuentes.

Aceptación. Finalmente llegaremos al estado de aceptación y podremos decir: "Sí, esto ha pasado y estoy muy triste, pero mi vida no se ha detenido o no se ha acabado y mi ser querido querría que yo continúe y sea feliz".

Aceptación significa admitir nuestra propia humanidad y mortalidad. Es lo que nos permite empezar a hacer o renovar relaciones y amistades aparte de nuestro ser querido. Sólo viene si trabajamos las tareas del duelo.

El proceso de trabajar a través de estas tareas, tomará un largo tiempo. No puede pasar en una noche. Una vez que una tarea ha sido trabajada, quizá encontremos que retrocedemos y necesitamos trabajarla de nuevo.

Con frecuencia escuchamos decir: "El tiempo lo cura todo". Esto puede ser cierto pero es lo que hacemos con ese tiempo lo que realmente importa.

(Para lecturas futuras en este tóppico, lean *"On Death and Dying"* por Elizabeth Kubler-Ross).

DIARIO

"Dirijo la mirada hacia los cerros en busca de socorro" (Salmo 121)

¿Qué emociones más fuertes estás sintiendo desde la muerte de tu ser querido? En las siguientes dos páginas describe estos sentimientos. ¿En qué etapa te encuentras trabajando con esas emociones?. Si necesitas más espacio, puedes agregar otras hojas a tu diario.

_____

_____

_____

_____

_____

_____

_____

_____

_____

_____

_____

_____

_____

_____

_____

_____

_____

_____

_____

_____

_____

_____

ORACION FINAL

Lee en voz alta la "Oración de la Serenidad" que está en la página 84 de este libro.

Vivir El Dolor De La Pena

ORACIÓN

Quiero ensalzarte, Oh Rey mío y Dios mío,
   y bendecir tu Nombre para siempre.

Deseo bendecirte cada día
   y cantarle a tu Nombre para siempre.

Bueno es el Señor para con todos
   y compasivo con todas sus obras.

El Señor dice siempre la verdad
   en todas sus palabras
   y es bondadoso en todas sus acciones.

El Señor da su mano a todos los que caen
   y ayuda a levantarse a todos los postrados.

Que mi boca recite en alta voz
   la alabanza del Señor
   y que todos los mortales
   bendigan su Santo Nombre
   por los siglos de los siglos

Salmo 145:1-2,9,13b-14,21

Selecciones Adicionales de las Escrituras:
- Daniel 12:1-3
- Juan 6:51-59
- Romanos 6:3-9

La Soledad del Duelo

Uno de los principales sentimientos expresados por aquellos en duelo, especialmente si ellos estuvieron acostumbrados a una relación cercana de día a día con el fallecido/a, es la soledad. Hay una soledad simple que viene de no tener al amigo/a y compañero/ a con quien compartir una comida o un día feriado. También hay la soledad de pánico que ocurre cuando la desgracia golpea y debemos repentinamente encarar la crisis solos, algunas veces por primera vez en muchos años.

La soledad no sólo la experimentan los que pasan por el duelo. Mucha gente que está separada de sus familias o que tienen muy pocos amigos, hablan de períodos de soledad, pero lo que hace al dolor de nuestra soledad por la pérdida, tan severo y largo de vivir es la permanencia de la pérdida. Es a soledad puede venir a nosotros cuando menos lo esperamos. Una experiencia común por ejemplo, es pensar en decirle algo a nuestro ser querido y él o ella no está allí para respondernos. La soledad de la pena está llena de una tristeza especial porque no podemos cambiar la permanencia o lo absoluto de la muerte.

Hay una diferencia entre la soledad y tomar un "tiempo a solas". Ambas son decisiones hechas por el individuo, pero la soledad puede ser muy dolorosa y destructiva, mientras que estar a solas puede ser una experiencia positiva y vivifi cante.

La soledad es con frecuencia un aislamiento inconciente, impuesto a sí mismo, mientras que estar a solas puede ser una decisión que ha sido bien pensada. La gente solitaria tiene el temor de arriesgarse a estar en situaciones de socializar sin alguien a su lado para "protegerlos". La gente que decide estar un tiempo a solas (después de la muerte de su cónyuge por ejemplo), está buscando la libertad y el tiempo para mejorar ellos mismos o llevar a cabo sus propios intereses.

La gente solitaria culpará a otros por no buscarlos, mientras que la gente que decide estar a solas, se da cuenta que pueden acercarse a los demás en cualquier momento y hacerlo cuando sienten que lo necesitan. Un tiempo a solas puede forzarnos a encontrar nuestra propia valoración, medida bajo nuestro sistema personal de valores, mientras que una persona solitaria se siente incompleta sin el empuje de los demás. El solitario piensa que es aburrido/a y no deseado/a, mientras que el que está a solas sabe que es una persona interesante para sí mismo y por consiguiente interesante para los demás.

Ustedes encontrarán que las personas que escogen la soledad, tienen habilidades no desarrolladas y pensamientos divergentes y se sienten tan seguros con sus antiguos hábitos, que no quieren aprender nada nuevo. Por otro lado, aquellos que deciden estar a solas, están dispuestos a experimentar con nuevos pensamientos y actividades y usar pensamientos creativos para resolver sus problemas.

El solitario piensa que está siendo controlado por las circunstancias o que solamente otra persona puede remediar su situación, mientras que la persona que está a solas se siente en control de lo que le sucede. Del mismo modo que los solitarios tienen temor de asumir la responsabilidad por muchas de sus acciones, los que están a solas aceptan una completa responsabilidad por sus propios actos.

El solitario escoge sentirse miserable en lugar de hacerse a sí mismo/a vulnerable. Ellos también sienten hasta cierto nivel, que no merecen el interés y más aún el amor de los demás. Aquellos que toman un tiempo a solas se dan cuenta que esos sentimientos son generados por sí mismos. Sus "yo" (ego) están sufi cientemente saludables para saber que ellos son amados y dignos de ser amados, aún cuando no están "con otros". Ellos están dispuestosa acercarse a otros, quizá aún, aceptando el riesgo de ser heridos.

Obviamente, cualquier individuo no es todo de una forma o de otra. Nadie está perfectamente solitario o perfectamente a solas. Es un ejercicio útil determinar hacia qué lado nos inclinamos después de la muerte de nuestro ser uerido y luego decidir cómo queremos realmente que sea nuestro proceso de duelo.

(Para lecturas futuras en este tópico, leer "*Grief Counseling and Grief Therapy*" por J. William Worden)

¿Estás solitario después de la muerte de un ser querido o estás a solas? Trata de escribir algunos pensamientos a las siguientes preguntas en el espacio designado. Comparte luego tus respuestas con alguien cuando lo desees.

Describe una oportunidad cuando quisiste compartir algo con tu ser querido fallecido. ¿Cómo te sentiste al no poder hacerlo?

¿Cuáles son tus momentos u ocasiones más solitarios?

¿Crees que es beneficioso un "tiempo a solas", por lo menos en alguna ocasión? Explica tu respuesta.

¿Crees que tú eres una persona que la gente quiere tener cerca? Por qué o por qué no?

¿Quiénes son las personas a las cuales buscas cuando quieres o necesitas compañía?

Escoger Estar a Solas

Estamos guiados a ser una sociedad "sociable"; el "solitario" se hace a sí mismo para que se le tenga lástima. Que una persona decida o acepte estar a solas, parece hacer sentir incómodos a los demás y se le juzga como "rara" o "extraña".

Los sentimientos de soledad parecen atacarnos fuertemente, especialmente después de la pérdida de una persona significativa en nuestras vidas. Si pudiéramos usar esos tiempos a solas para ayudar en el proceso del duelo, la sanación quizá vendría más pronto, porque el estar solos puede permitirnos experimentar el dolor y clasificar las emociones enterradas sin ninguna distracción. Un tiempo a solas provee la oportunidad y el desafío para distinguir lo importante de lo trivial, lo valioso de lo que no vale la pena.

Las siguientes son sugerencias para lidiar con la soledad y hacer de nuestro tiempo a solas algo productivo.

Después que un ser querido muere, los que nos quedamos, frecuentemente nos sentimos solos aún en los ambientes más familiares como nuestra casa. Para cambiar ese sentimiento negativo a positivo, entra en tu casa y actúa como si hubieras entrado en la casa de un extraño por primera vez. Coge todas las cosas agradables que encuentres y míralas. Después busca un proyecto en el cual trabajar (por ejemplo algo para limpiar, cambiar y reorganizar la posición de los muebles), para agregar un poquito de alegría al ambiente. Tú lo harías por un amigo/a. Hazlo por ti mismo/a!

La oscuridad tiende a aislarnos y causa grandes sentimientos de soledad para muchos. Trata de empezar a apreciar la oscuridad, la luz de la luna, las estrellas, los sonidos nocturnos, relaja tu cuerpo y disminuye tus actividades diarias. Piensa en cosas nuevas que puedes hacer en la noche antes de ir a la cama para romper la rutina que prolonga tu soledad. Si la televisión es tu hábito, apágala. Lee, piensa, planea las actividades del día siguiente, escribe cartas, llama por teléfono a alguien que quizá se sienta solitario, o llama a alguien a quien nunca has llamado.

Los días festivos son tiempos problemáticos para la mayoría de los que estamos en duelo. Aún la gente que no es propensa a la soledad o que no participa en muchas actividades, tienden a sentir algo de aislamiento durante los días de fiesta. Trata de estar a solas por lo menos una hora de cada día festivo para poner tus prioridades en orden y apreciar lo que tienes, incluyendo los recuerdos tiernos y valiosos de tu ser querido.

El clima afecta las emociones de muchos afligidos por la pena. En un día oscuro y sombrío, cuando sabes que usualmente te sentirías solitario, escoge "estar a solas". Piensa en algo que te gustaría que alguien hiciera por ti, entonces hazlo para ti o para alguien más. Usa tu tiempo escribiendo una carta, horneando un pastel o haciendo algo por una persona específica. Haz algo simple que lo puedas terminar en un día y luego al final del día o a la mañana siguiente llévalo a su destino.

El punto importante de estos experimentos es que en lugar de "estar solitario/a", tú decidas "estar a solas". Cuando te sientas en control de esta situación, serás capaz de tomar otras deci-siones sensatas. Friedrich Nietzsche dijo: "Estar a solas nos hace fuertes con nosotros mismos y más tiernos con los demás".

No pongas límites al tiempo que decidas estar a solas. Quédate allí tanto como te sea beneficioso y lo disfrutes. Luego en el futuro, cuando empieces a sentirte solitario/a, trata de recordar este experimento y revive los sentimientos.

(Adaptado de un artículo de Tiaynah Ann Mikol)

DIARIO

"El Señor da su mano a todos los que caen y ayuda a levantarse
a todos los postrados"

Hay muchas ocasiones en las que te sientes triste y solitario/a a causa de la muerte de tu ser querido. En las próximas dos páginas, escribe cómo estos sentimientos impactan tu vida diaria y cómo estás lidiando con ellos, con o sin éxito. Si necesitas más espacio para escribir, puedes añadir otras páginas a tu diario.

_____

_____

_____

_____

_____

_____

_____

_____

_____

_____

_____

_____

_____

_____

_____

_____

_____

_____

_____

_____

_____

_____

ORACION FINAL

Lee en voz alta la "Oración de la Serenidad" que está en la página 84 de este libro.

3

Ajustarse A Un Ambiente En El Cual El/La Difunto/A Ya No Está

ORACIÓN

Dios de Vida,
Hay días cuando las aflicciones que cargamos
nos agobian y nos desaniman,
cuando el camino parece sombrío y sin fin,
el cielo gris y amenazador,
cuando no hay música en nuestras vidas
y nuestros corazones están solos
y nuestras almas han perdido su valentía.

Inunda el camino con luz,
te suplicamos a Tí Señor.

Vuelve nuestros ojos
A donde los cielos están llenos de promesa.

San Agustín

Selecciones Adicionales de las Escrituras:

- 2 Macabeos 12:43-46
- Lucase 23:33, 39-43
- Romanos 5:5-11

REFLEXIÓN

¡ Es un Nuevo Día !

La pérdida de un ser querido cambia para siempre nuestro mundo. Para nosotros, es un nuevo lugar tanto en lo personal como en lo social, donde el difunto ya no está presente. Debido a que ha ocurrido un final, nuevos comienzos deberán y tendrán que pasar.

Es un nuevo día, ya sea que lo busquemos o no.

Sin embargo, antes de que podamos continuar con nuestra vida, ocurrirá un período de transición. Cuando las dos primeras tareas del duelo han sido trabajadas, es decir, cuando hemos aceptado la realidad de la pérdida y nos hemos permitido experimentar el dolor de nuestra pena, entonces es cuando debemos comenzar a ajustarnos al ambiente donde el difunto ya no está.

En este período de tiempo, nosotros necesitamos examinar detalladamente tanto lo que hemos perdido como lo que hemos ganado. Algunas cosas han cambiado, otras continúan igual. Hay experiencias, roles, expectativas, valores, oportunidades y sueños por dejar ir, pero hay otros nuevos que comenzarán o que tomaremos.

Además de la pérdida primaria de nuestro ser querido, hay muchas pérdidas secundarias que vendrán como resultado de la primera pérdida. Nosotros necesitamos identificar cada una de estas pérdidas y sufrirlas. Para lograr el cierre a estas pérdidas secundarias, debemos encontrar las maneras apropiadas para hacerlo.

El tiempo y qué tan bien nos ajustemos a nuestro nuevo ambiente, dependen en gran parte de nuestra relación con el difunto y los diferentes roles que él o ella jugaba en nuestra vida. Por ejemplo, nuestro ser querido pudo haber sido nuestro acompañante, contador/a, jardinero/a, niñera/o, amigo/a, compañero/a de tenis, mecánico/a, cocinero/a, padres, compañero/a de juegos de cartas, etc.

Muchos de los sobrevivientes se resisten a tener que desarrollar nuevas habilidades o encontrar nuevas personas para asumir los roles que anteriormente eran realizados por su ser querido, pero las personas que no enfrentan la tarea de ajustarse, probablemente se quedarán estancados en su duelo. Al no desarrollar las habilidades y relaciones que necesitamos para enfrentarnos con nuevas realidades, estamos trabajando en contra de nosotros mismos y promoviendo nuestra propia incapacidad.

Finalmente, necesitamos redefi nir nuestras metas en la vida en un mundo que no queremos y quizá nunca pudimos imaginar: un mundo en el cual nuestro ser querido está ausente. Esa es nuestra nueva responsabilidad como sobreviviente.

(Para lecturas futuras en este tema, leer *"Grief Counseling and Grief Therapy"* por J. William Worden)

PREGUNTAS

Las personas con un duelo reciente, no tienen el ánimo para tomar decisiones mayores de cambios en sus vidas porque no están listos. Eventualmente, sin embargo, estos problemas deben ser enfrentados. Trata de escribir algunos pensamientos a las si-guientes preguntas en los espacios designados. Comparte tus respuestas con alguien más si así lo deseas.

¿Cuáles son las decisiones que necesitas tomar inmediatamente? Haz una lista de algunas personas que pueden ayudarte a hacer estas decisiones.

¿Cuáles son las decisiones que pueden esperar por más tiempo? ¿Por qué?

¿Cuáles de los roles que tu ser querido realizaba en tu vida, serán los que extrañarás más?

¿Cuál de estos roles tendrás que realizarlo tú mismo/a? ¿Cómo te sientes en relación a estos roles?

¿Quién posiblemente pueda tomar los otros roles de tu ser querido? ¿Cuándo y cómo pueden empezar a hacerlo?

¿Cómo te sientes continuar tu vida sin tu ser querido? ¿Qué hubiera querido él o ella que hicieras?

¿Por qué el proceso del duelo dura tanto?

Con frecuencia, es difícil para la familia, amigos y colegas de una persona que ha experimentado la pérdida de un ser querido, entender por qué el proceso del luto es tan largo. Ellos quieren vernos felices de nuevo y "seguir con vida". Por consiguiente, es importante estar atentos a los diferentes tipos y niveles de pérdida que pueden acompañar la muerte de un ser querido. Este conocimiento puede ayudarnos y ayudar a otros a quienes les importamos, a ser más pacientes y más suaves con nosotros mismos y con los demás durante el proceso del duelo.

Además de lo obvio y abrumador de la pérdida de nuestro ser querido, nosotros experimentaremos con frecuencia otras "pérdidas secundarias" como son:

Pérdida de una Gran Parte de Nosotros Mismos. Hay siempre una parte de nosotros mismos que fué dado a nuestro ser querido en una manera especial. Este pedazo de nuestro ser se ha ido ahora también.

Pérdida de Identidad. Parte de quienes somos incluye lo que hicimos con y por la persona amada. Esta parte de nosotros mismos parece haber sido arrancada violentamente cuando un ser querido muere.

Pérdida de Confi anza en uno Mismo. Los sentimientos de insufi ciencia (de no ser capaces de hacer algo correctamente), son con frecuencia muy fuertes después de la muerte de un ser querido. Una persona en duelo no siempre reconoce su propia integridad.

Pérdida de un Estilo de Vida Escogido. La muerte nos empuja a empezar un nuevo estilo de vida, ya sea que lo querramos o no. Por ejemplo, una persona que decidió estar casada se ve repentinamente forzada a ser soltero/a de nuevo. Esta sensación de ser forzado a una situación especifi ca es muy difícil.

Pérdida de Seguridad. Cuando una persona que amamos muere, perdemos el más básico sentido de seguridad. No sabemos qué es lo que ocurrirá después, cómo responderemos emocionalmente, o cómo deberíamos reaccionar en situaciones sociales. Si el que murió fué nuestro padre/madre o el cónyuge, quizá también suframos por problemas económicos o inseguridad.

Pérdida de Sentirse Protegido/a. Cuando la muerte se lleva a un ser querido, nos sentimos expuestos a los vientos bruscos de la vida. Nos sentimos muy vulnerables como nunca antes nos habíamos sentido y percibimos nuestra propia mortalidad en una forma completamente nueva.

Pérdida de Estructura Familiar. Todas las familias forman un sistema. Este sistema, el cual es con frecuencia no reconocido, se ve cambiado instantaneamente por una muerte. Estos cambios pueden crear ajustes que deben ser enfrentados y trabajados por los sobrevivientes. Por ejemplo, si un hijo muere, no importa a qué edad o si un padre/madre muere sin importar la edad que los hijos tengan, se deben desarrollar un conjunto nuevo de relaciones entre los miembros de la familia.

Pérdida del Pasado. Cuando un ser querido muere, él o ella se lleva consigo una historia que no compartimos exactamente con ninguna otra persona. A pesar de que las amistades antiguas o nuevas pueden ser de gran apoyo y aceptación para nosotros, ellos no comparten el sentido de nuestra jornada pasada en la forma que sólo nuestro ser querido pudo hacerlo.

Pérdida del Futuro. Mientras que con nuestro ser querido nos sentíamos muy cómodos mirando hacia el futuro, sin él o ella es aterrorizante pensar de antemano en la próxima semana, en el próximo mes o en el próximo año. También tenemos temor de que nuestro futuro sea tan doloroso como el momento presente.

Pérdida de Dirección. Podemos sentir que nuestra vida parece no tener un propósito y que ya nada nos importa.

Pérdida de Sueños. Todos nuestros planes pueden desaparecer en un momento con la muerte de un ser querido. Debemos aprender a sufrir el duelo de la pérdida de esos sueños y a tener nuevos sueños.

Pérdida de Confianza. Los niveles profundos de pérdida e inseguridades que sentimos, pueden hacer muy difícil aún confiar en nosotros mismos, mucho menos en otros, por un período largo de tiempo. Parte del proceso del duelo es empezar a tomar el riesgo de ser heridos de nuevo.

Pérdida de Compartir con el Ser Querido. Dependiendo de cuán cercano/a fué el ser querido con nosotros, podemos experimentarlo como la pérdida de un amigo/a o un confidente con el cual pudimos compartir nuestros más íntimos pensamientos y sentimientos. Repentinamente no tenemos a nadie que nos escuche los grandes o pequeños eventos de nuestra existencia diaria.

Pérdida de la Habilidad de Concentración. La muerte de un ser que amamos puede afectarnos tan fuertemente que no podemos concentrarnos en las tareas de la vida diaria que ahora parecen ser "frívolos" o "no esenciales".

Pérdida de Control. Debido a los cambios a que hemos sido forzados a vivir, sacamos la conclusión de que no tenemos control sobre nuestras vidas y que cualquier decisión que hagamos es irrelevante y sin sentido.

Pérdida de la Habilidad para Tomar Decisiones. Las personas en duelo frecuentemente preguntan a los demás ¿Qué debo hacer?.

Luego se confunden más porque cada quien le da una respuesta diferente. Esto cuestiona su habilidad para tomar decisiones.

Pérdida del Sentido del Humor, Felicidad y Gozo. La tristeza y la pérdida de una de las personas más importantes en nuestra vida, generalmente hace muy difícil estar de buen humor. Nada nos parece gracioso y creemos que no está bien que debamos sentir felicidad o gozo.

Pérdida de Paciencia Con Uno Mismo. Nos podemos sentir inadecuados cuando nuestros sentimientos de aflicción duran un largo período de tiempo. Aunque el período inicial normal de la pena para la mayoría de la gente, después de la pérdida de un ser querido cercano es de dos a cinco años, nosotros esperamos sentirnos mejor inmediatamente y nos remuerde el dolor y los problemas que nuestro duelo le causa a los demás.

Pérdida de la Salud. Esta es quizás la pérdida secundaria más obvia y más peligrosa de todas. Podemos experimentar todo desde dolencias físicas, incluyendo náuseas, migrañas, dolores musculares y problemas con la espalda, hasta aflicciones psicológicas y espirituales como depresión y pérdida de fé.

Hay otras clases de pérdidas secundarias que podemos experimentar que no están en esta lista y cada individuo las experimenta en diferentes niveles de intensidad. Aún así, la lista nos ayuda a entender por qué el proceso del duelo toma tanto tiempo y por qué nada puede reemplazarlo. Si queremos superar nuestro duelo y salir adelante, debemos admitir, con-frontar y sobreponernos a cada una de nuestras pérdidas. Toma tiempo para que esas heridas formen cicatrices y para que la oscuridad de nuestro dolor dé paso a la luz de la vida.

DIARIO

"Hay días cuando las aflicciones que cargamos, nos agobian y desaniman"

Mira la lista de "pérdidas secundarias" que la gente experimenta después de la muerte de un ser querido. En las próximas dos páginas, escoge las cinco pérdidas más significantes que tú has sentido y describe cómo te sientes acerca de cada una de ellas y qué piensas hacer para superarlas. Agrega otra hoja si necesitas más espacio para escribir.

_____

_____

_____

_____

_____

_____

_____

_____

_____

_____

_____

_____

_____

_____

_____

_____

_____

_____

_____

_____

_____

_____

ORACIÓN FINAL

Lee en voz alta la "Oración de la Serenidad" que está en la página 84 de este libro.

Ajustarse A Un Ambiente En El Cual El Difunto Ya No Está

ORACIÓN

Parece que te estamos devolviendo a nuestro ser querido Señor.
Tú nos lo diste.
Pero así como Tú no lo perdiste al dárnoslo,
tampoco nosotros lo perdemos al devolverlo.

Tú no das en la misma manera que el mundo da.
Lo que Tú das no lo quitas.
Tú nos has enseñado que lo que es tuyo es también nuestro,
si somos tuyos.

La vida es eterna, Señor y tu amor nunca muere.
Y la muerte es sólo un horizonte.
Y un horizonte es nada más
que los límites de nuestra visión.

Levántanos fuertemente, Hijo de Dios, para que podamos ver más allá.
Limpia nuestros ojos para que podamos ver más claramente,
Acércanos más hacia Tí, para que nos encontremos
más cerca de nuestro ser querido que se encuentra contigo.

Y mientras preparas un lugar para él/ella,
prepáranos a nosotros también para ese lugar feliz
donde Tú estás y donde esperamos estar….
por siempre. Amén

(Autor desconocido)

Selecciones Adicionales de las Escrituras:

• Salmo 143: 1-2, 5-10

• Isaías 41:8-10

• Marcos 16: 1-16

REFLEXIÓN

De la Supervivencia al Crecimiento

Sobrevivir la muerte de un ser querido no es sufi ciente. No es sufi ciente para nosotros, porque merecemos vivir una vida plena de la cual somos capaces. No es sufi ciente para nuestros amigos y familiares, quienes necesitan que estemos total y completamente presentes para ellos. No es sufi ciente para nuestro ser querido difunto, quien ciertamente nos querría ver felices. Y no es sufi ciente para Dios, quien quiere que continuemos vivos.

Sin embargo, para poder pasar de la supervivencia al crecimiento, nosotros debemos primero sobrevivir. Eso signifi ca que tenemos que aceptar la realidad de la pérdida y experimentar el dolor de la pena. Mientras más hayas amado al fallecido, más tardarás en sanar. Más aún, nosotros debemos saber y creer que mejoraremos; que el mañana vendrá si podemos atravesar el día de hoy.

En las etapas iniciales del duelo, debemos ser suaves con nosotros mismos. Debemos aferrarnos a un horario simple (especialmente los domingos, días feriados y aniversarios). Evita tomar decisiones grandes. Llora y confórtate; busca y acepta el apoyo de otros y dáte cuenta de que no estás solo/a en tu pena. No tengas temor de atesorar recuerdos de tu ser querido si eso te ayuda en el duelo.

Este es el tiempo para estar cerca a Dios. Cuando empecemos a sanar, necesitaremos seguir siendo suaves con nosotros mismos. Está bien sentir tristeza, culpabilidad, enojo, soledad (estas son emociones normales), por

un período de tiempo ámplio.

Debemos cuidarnos a nosotros mismos mientras atravesamos nuestra pena. Debemos seguir alimentándonos bien para edificar nuestra fortaleza y no volcarnos a fumar, usar drogas o alcohol para encontrar alivio. Si el fallecido fué un cónyuge o compañero/a de vida, debemos ser cautelosos de no empezar una nueva relación muy pronto. Tenemos que permitirnos un tiempo para sanar y no podemos dejar que nadie nos apure.

El crecimiento sucederá cuando empecemos a ajustarnos a un ambiente en el cual el difunto ya no está. Comencemos buscando lo bueno en nosotros mismos. Conozcamos nuevas personas y reconectémonos con viejos amigos. Iniciemos nuevos intereses y revivamos otros. Busquemos grupos o cosas que nos ayuden a movernos hacia el conocimiento y mejoramiento personal.

Recobremos nuestro sentido de aprecio por la vida. Tratemos de ser creativos; gocemos nuestra libertad para elegir y elijamos ser felices. Empecemos nuevas tradiciones. Hagamos cosas por los demás, incluyendo aquellos que acaban de perder un ser querido.

¿Nos olvidaremos completamente de nuestra pérdida? No, gracias a Dios. ¿Será nuestro mundo exactamente lo mismo sin él/ella? Obviamente no. Pero ¿podemos continuar con nuestras vidas, sin sentirnos culpables o abrumados por la tristeza?. Sí, nosotros podemos, con la ayuda de Dios.

PREGUNTAS

Si tenemos que pasar de la supervivencia al crecimiento, debemos empezar a ajustarnos a la vida sin nuestro ser querido. Podemos hacerlo ya sea con resentimiento e inútilmente, o ya sea con un sentido de esperanza, apertura y sanación. Trata de escribir algunos pensamientos a las preguntas en el espacio designado. Comparte tus respuestas con alguien si así lo deseas.

¿Quiénes son algunas de las personas que te han ayudado durante tu duelo? ¿Cómo te puedes reconectar con ellos para crecer?

¿Qué plan o proyecto le hubiera gustado a tu ser querido que tú realizaras? Descríbelo y cómo podrías empezar a hacerlo realidad.

¿Qué es lo bueno de ti mismo? ¿Cómo puedes hacerlo crecer?

¿Hay algún grupo o actividad a la que te puedes unir que lo disfrutarías? ¿Cómo conseguirás información al respecto y cuándo te unirás a eso?

¿Quién necesita que hagas algo por ellos? ¿Cómo empezarás?

¿Cómo ofrecerás apoyo y condolencias a otros que están en duelo?

LECTURA

¡ Hay Esperanza !

Varios diccionarios defi nen esperanza como"acariciar un deseo con expectativa de cumplimiento", " desear algo con expectativa de conseguirlo" y "esperar con ansias". Hay palabras fuertes contenidas en estas defi niciones para el que sufre una pérdida: "acariciar", "desear", "esperar", "cumplimiento", "logro", etc.

De alguna manera, aparte de todo el dolor y sufrimiento que hemos tenido que pasar por la muerte de un ser querido, encontramos que allí dentro de nosotros hay una semblanza de esperanza. Ahí tiene que estar o nosotros no podríamos continuar con la vida. "Si no fuera por la esperanza, el corazón se rompería" dice el proverbio.

Hay una historia en los Evangelios de una mujer que había sufrido por 12 años de una hemorragia, pero todavía "ella esperaba con anhelo" ser sanada por Jesús. Ella dice simplemente "Si al menos yo toco sus vestiduras, me sanaré" (Marcos 5:28). Hubo también un "deseo con expectativa de cumplimiento" en "el buén ladrón", quien suplicó desde su propia cruz en el momento más desesperanzador de su vida, "Jesús acuérdate de mí cuando estés en tu reino" (Lucas 23:42). En estos dos casos, la esperanza fué cumplida. Contra todos los pronósticos y sabiduría convencional, la mujer fué curada y el ladrón consiguió el paraíso prometido.

Charles Peguy, un escritor francés que vivió en los años mil ochocientos, tuvo la maravillosa habilidad de escribir como si Dios estuviera hablando esas frases. Aquí están las palabras que él puso en la boca de Dios en su libro: *Dios Habla:* "Mi esperanza es la fl or, el fruto, la hoja, el tronco, la ramita, el vástago, la semilla y el capullo. La esperanza es el vástago, el capullo y la fl or de la misma eternidad".

¿Hay alguna esperanza todavía en nosotros? Sí la hay. Puede ser pequeña, frágil, escondida, "el vástago, el capullo y la fl or de la misma eternidad". Nosotros podríamos sentir un poco de culpabilidad por tener esperanza; pero sin ella, nuestros corazones se romperían. Continuamente, incansablemente y sin razonamiento acariciemos nuestro deseo no sólo para sobrevivir la pérdida de nuestro ser querido, sino también para sanarnos de eso y llegar al crecimiento.

"Parece que te estamos devolviendo nuestro ser querido, Señor"

¿Dónde te encuentras ahora en tu jornada de duelo? Tú has sobrevivido, pero ¿Cómo estás sanando? En las siguientes dos páginas, escribe algunas evidencias de crecimiento en tu vida. Si necesitas más espacio para escribir, puedes agregar otras hojas a tu libro.

_____

_____

_____

_____

_____

_____

_____

_____

_____

_____

_____

_____

_____

_____

_____

_____

_____

_____

_____

_____

_____

_____

_____

_____

ORACIÓN FINAL

Lee en voz alta la "Oración de la Serenidad" que está en la página 84 de este libro.

4

"Relocalizar Emocionalmente" Al Difunto Y Continuar Con La Vida

ORACIÓN

Querido Señor, yo sé que...

Dejar ir no es dar la bienvenida al sufrimiento, sino aprender de él.

Dejar ir no es dejar de cuidarme, sino cuidarme de diferente forma.

Dejar ir no es rechazar lo que fué, sino hacer lo mejor de lo que puede ser.

Dejar ir no es aislarme, sino darme cuenta que puedo hacerlo por mí mismo/a.

Dejar ir no es alejar de mí a los demás, sino dejarlos entrar en mi vida.

Dejar ir no es olvidar el pasado, sino vivir en el presente y soñar con el futuro.

Dejar ir es temer menos y amar más.

Querido Señor, ayúdame a dejar ir.

(Autor desconocido)

Selecciones Adicionales de las Escrituras
- Salmo 34:1-10
- Lucas 7:11-17
- Romanos 14:7-8

REFLEXIÓN

¿Cómo puedo continuar?

Si queremos triunfar en el trabajo a través del proceso del duelo y continuar con nuestra vida, tenemos que buscar la forma de encontrar un nuevo lugar en nuestras emociones para el ser querido que hemos perdido. A esto le llamamos "relocalizar emocionalmente" al difunto. Esto no quiere decir que nos olvidamos de la persona. Eso no es posible ni lo deseamos. En cambio, necesitamos encontrar un lugar especial para mantener a él o ella vivo/a en una forma real. "Relocalizar" al fallecido/a nos da el permiso que necesitamos para vivir con nuestra pérdida y continuar con la vida en una manera saludable y llena de amor, sabiendo dónde está la persona y dónde podemos encontrarlo/a cuando lo querramos y necesitemos.

Esta "relocalización emocional" requiere crear algunos recuerdos amorosos de la persona que físicamente ya no está, pero que todavía está viva espiritualmente. Necesitamos empezar un "proceso recordatorio" que consiste en revivir activamente y revisar las historias de la relación con nuestro ser querido de principio a fin, incluyendo lo bueno y lo no tan bueno. Estas memorias (recuerdos) pueden ser pensadas, rezadas o escritas, pero también necesitan ser habladas en voz alta y compartidas con otros. El compartir puede ser doloroso, pero al contar las historias, éstas se transforman en imágenes capaces de convertirse en parte de nuestro ser. Solamente ahí, los lazos que nos unen a la otra persona, se pueden aflojar lo suficiente como para no dejarnos atascados en el pasado y poder vivir nuestra vida productivamente.

Una vez que hemos relocalizado a nuestro ser querido firmemente en nuestros corazones, podemos formar una nueva relación con él/ella; una relación que durará para siempre y que ninguna otra relación podrá borrar. Podremos empezar a recordar al ser amado sin el dolor amargo que una vez tuvimos. Podemos empezar a darnos cuenta que el fallecido/a no será querido menos porque seamos capaces de amarnos a nosotros mismos y a los demás.

El duelo es un proceso de larga duración. No podemos determinar un día definitivo para su término. Distintas personas sufren en diferentes formas y niveles. Muchos dicen que necesitamos pasar por lo menos por todas las estaciones de un año, antes que el dolor de la pena empiece a disminuir y la mayoría de la gente se toma de dos a cinco años antes de sentir que han comenzado a completar el proceso.

Ese proceso incluye aceptar la realidad de la pérdida, experimentar el dolor de la pena, ajustarse a un ambiente en el cual el difunto ya no está y finalmente "relocalizar emocionalmente" a nuestro ser querido en un nuevo lugar que nadie más pueda ocupar. Sólo cuando hayamos logrado realizar estas cuatro tareas, seremos capaces de continuar con nuestras vidas en la forma que nuestro ser querido seguramente lo hubiera deseado.

(Para lecturas posteriores, ver *Grief Counseling and Grief Therapy* por William Worden)

PREGUNTAS

Tu ser querido debe continuar existiendo, pero en un nuevo lugar en tu vida y tus emociones. Es tu decisión crear ese lugar y "relocalizar" a tu ser querido allí. Trata de escribir algunos pensamientos a las siguientes preguntas en el espacio designado. Comparte tus respuestas con alguien más si lo deseas.

¿Cuáles fueron los buenos aspectos de tu relación con tu ser querido?

¿Cuáles fueron algunos de los aspectos no tan buenos?

¿Cómo crearás "recuerdos apreciables" de tu ser querido?

¿Con quién puedes compartir estos recuerdos?

Describe el lugar en tu corazón donde vivirá tu ser querido

¿Visitarás ese lugar frecuentemente? ¿Qué dirás?

Dejar ir y dejar que Dios …

¿Cuántas veces yo he escuchado las palabras "Dejar ir y dejar que Dios…"? Parece ser que cuando enfrento una crisis, un obstáculo o una pérdida en mi vida, hay alguien allí para decirme esas palabras. Pero algunas veces me pregunto "¿Realmente ellos así lo creen?. Entonces, ¿Qué significa dejar ir y cómo dejo que Dios..?

El libro de Eclesiastés nos recuerda, "Hay un tiempo para cada cosa y un momento para hacerla bajo el cielo" (Ecles. 3:1) y "Hay un tiempo para guardar y otro para tirar fuera" (Ecles. 3:6). Pero para mí, lo difícil es saber cuál es el tiempo apropiado en cada situación. En una manera, "dejar ir y dejar que Dios…" es más fácil decirlo que hacerlo. Algunas veces la elección me trae satisfacción y alegría, pero hay otras veces cuando las cosas no van bien y mi vida toma una dirección que yo no esperaba. Sin embargo, es en ese preciso momento, que yo encuentro que debo aflojar mi puño, retroceder y realmente "dejar ir y dejar que Dios".

Mi modelo para esto es María, la madre de Jesús. ¿Cuántas veces en su vida ella tuvo que "dejar ir y dejar que Dios"? Primero, hay la remarcable historia de la Anunciación. ¿Qué si María hubiera insistido en mantener su posición en lugar de "Hágase en mí según tu palabra"? (Lucas 1:38) ¿Hubiera tenido lugar la Encarnación?

Después, al comienzo de la vida de Jesús, María se enfrentó con la desaparición de su hijo. Un simple viaje a la fiesta de Pascua termina con un desastre que devastaría a cualquier padre/madre. Cuando su hijo de 12 años fué finalmente encontrado, él no le dió tranquilidad. "¿Por qué estaban buscándome? ¿No saben que tengo que estar donde mi Padre?" (Lucas 2:49). María sólo tuvo que "dejar ir y dejar que Dios" y todo lo que pudo hacer fué atesorar "todas estas cosas en su corazón" (Lucas 2:51)

Finalmente, en el calvario, María fué puesta a prueba con la mayor tragedia: su hijo crucificado en una cruz en la plenitud de su vida y su trabajo visto como un fracaso. Ella tuvo una vez más que "dejar ir y dejar que Dios.."; y ella lo hizo.

Conozco una mujer que tiene una placa en la pared de su cocina que dice simplemente: "Lo que sea". Ella ha aprendido que la mejor manera de lidiar con las cosas es dejar que la fuerza de Dios trabaje a través de ella. Ella explica: "Cuando trato de controlar todo, frecuentemente pongo mi energía en la solución equivocada. Pero al dejar ir mis propios deseos, permito que Dios se comunique conmigo y de ese modo sé, dónde le gustaría a Dios que y esté". El "Lo que sea" de esta mujer es una oración corta, pero su simplicidad le permite atravesar sus situaciones difíciles usando la fuerza de Dios, en lugar de la suya propia.

Ciertamente, el proceso de dejar ir es doloroso. En una manera, nosotros hemos sido criados con la actitud de que podemos y debemos controlar las cosas. Pero en realidad, aún a la gente "buena" le pasan cosas malas. La aceptación de esa realidad no significa que debemos olvidar lo que pasó, o pretender que no duele. Al dejar ir nuestro duelo, podemos despedirnos de un sueño y empezar a diseñar otro. Dejando a Dios que nos ayude a diseñar ese nuevo sueño, puede ser algo poderoso.

Una mujer joven que perdió a su padre con la muerte me dijo: "No quiere decir que ame menos a mi padre cuando abro mi corazón a otras personas".

Una de las ayudas más grandes para sanar mi propia pena por la muerte de seres queridos ha sido el ayudar a otros que sufren. Yo honro a los difuntos recordándolos y usando esos recuerdos para acerme más fuerte. Con esa fuerza yo puedo después ayudar a otros que están sufriendo. Es sólo en el "dejar ir y dejar que Dios…" que me he abierto a la sanación y crecimiento; y en ese proceso de sanación y crecimiento yo he comenzado a recordar a mis seres queridos sin el dolor arrebatador que una vez sentí.

DIARIO

"Dejar ir no es olvidar el pasado sino vivir en el presente"

¿Qué "recuerdos acariciables" específicos de tu ser querido quieres guardar por el resto de tu vida? En las siguientes páginas, escribe algunos de esos recuerdos, dejando que se conviertan en parte de tí para siempre. Si necesitas más espacio, usa hojas adicionales y pégalos en tu libro.

_____

_____

_____

_____

_____

_____

_____

_____

_____

_____

_____

_____

_____

_____

_____

_____

_____

_____

_____

_____

_____

_____

ORACIÓN FINAL

Lee en voz alta la "Oración de la Serenidad" que está en la página 84 de este libro.

CONTINUANDO EL PROCESO DEL DUELO

CAMINANDO HACIA UNA NUEVA VIDA

MOVIÉNDOSE HACIA EL FIN

Caminando Hacia Una Nueva Vida

ORACIÓN

Una noche un hombre tuvo un sueño. Él soñó que caminaba por la playa en compañía del Señor. En el cielo se veían escenas de su vida. En cada escena, él notó que habían dos pares de huellas en la arena; unas que le pertenecían a él y las otras al Señor.

Cuando se le presentó la última escena de su vida, él miró hacia atrás a las huellas en la arena. Se dió cuenta que muchas veces en el camino de su vida, habían solamente un par de huellas. Él también notó que esto ocurrió en los momentos más duros y tristes de su vida.

Esto realmente molestó al hombre y le preguntó al Señor acerca de eso. "Señor, Tú dijiste que una vez que yo decidiera seguirte, Tú caminarías conmigo siempre. Pero he notado que durante los momentos más difíciles de mi vida, habían sólo un par de huellas. No entiendo por qué cuando más te necesitaba, Tú me abandonarías".

El Señor respondió, "Mi amado hijo, te amo y nunca te abandonaría. Durante tus tiempos de pruebas y sufrimientos, cuando veías sólo un par de huellas, era entonces cuando yo te cargaba".

(Autor desconocido)

Selecciones Adicionales de las Escrituras:

- Salmo 139:1-18
- Isaias 43:1b-2, 4a, 5a
- Marcos 14:32-42

El Camino hacia Emaús

La primera cosa que debemos entender es que Dios no ha causado nuestro sufrimiento. El Rabí Harold Kushner, quien perdió a su hijo con la muerte, luchó largo y tendido con esta interrogante: "¿Por qué Dios dejó que mi hijo muriera?". Él escribe acerca de esta lucha en su famoso libro, *When Bad Things Happen to Good People (Cuando cosas malas le pasan a gente buena)*. Hacia el final del libro Kushner concluye:

"Dios no causa nuestras desgracias. Algunas son causadas por la mala suerte, otras por personas malas y algunas simplemente por inevitables leyes naturales. Las cosas dolorosas que nos pasan no son castigos por nuestro mal comportamiento, ni son de ninguna manera parte del gran diseño de Dios. Ya que la tragedia no es el deseo de Dios, no debemos sentirnos dolidos o traicionados por Dios cuando ocurre una desgracia. Podemos recurrir a Dios para que nos ayude a atravesarlo, precisamente porque Él se siente tan dañado como nosotros".

Volcándonos hacia Dios, nosotros podemos movernos en nuestra jornada de dolor. A nadie se le ha dado muerte más injustamente que a Jesús, quien fué el propio hijo de Dios. Pero la respuesta de Dios ante la muerte de Jesús, no fué explicar el porqué, o castigar a aquéllos que lo mataron, o destruir a los que lo permitieron. La respuesta de Dios fué transformar ese trágico evento en el más grande de todos los milagros, la Resurrección, que nos extiende a todos la capacidad de recuperar lo que hemos perdido.

Las capacidades humanas de Jesús fueron forzadas más allá del límite de prueba (igual que las nuestras son probadas cuando enfrentamos nuestra propia muerte o el sufrimiento por la muerte de un ser querido). En el Huerto de Getsemaní, Jesús le suplicó a Dios, "Abba, o sea Padre, para Tí todo es posible; aparta de mí esta copa" (Marcos 14:36)

¿Cuántas veces pedimos la misma cosa, al igual que Jesús?

Jesús agonizó tan fuerte que su sudor fué como gotas de sangre. Él fué completamente humano en ese jardín, antes de comenzar su camino al calvario. Si Jesús pudo sentir tristeza y dudas, ¿Por qué no nosotros?.

Hay muchos eventos en los Evangelios que nos muestran que la jornada de Jesús fué transformada de dolor a sanación y luego a crecimiento. Por ejemplo ¿Recuerdas la historia de los dos discípulos en su camino a Emaús enseguida después que murió Jesús?. Ellos estaban confundidos y tristes, realmente en duelo por su amigo, tanto que no pudieron reconocer al Cristo resucitado cuando Él se aproximó a ellos en su caminata. Escuchen su historia:

Ese mismo día, dos discípulos iban de camino a un pueblecito llamado Emaús, a unos treinta kilómetros de Jerusalén, conversando de todo lo que había pasado. Mientras conversaban y discutían, Jesús en persona se les acercó y se puso a caminar a su lado, pero algo impedía que sus ojos lo reconocieran. Jesús les dijo: "¿Qué es lo que van conversando juntos por el camino?". Ellos se detuvieron con la cara triste.

Uno de ellos llamado Cleofás, le contestó: "Cómo, ¿Así que tú eres el único peregrino en Jerusalén que no sabe lo que pasó en estos días?". "¿Qué pasó?", preguntó Jesús. Le contestaron: "Todo ese asunto de Jesús Nazareno. Ese hombre se manifestó como un profeta poderoso en obras y en palabras, aceptado tanto por Dios como por el pueblo entero. Hace unos días, los jefes de los sacerdotes y los jefes de nuestra nación lo hicieron condenar a muerte y clavar en la cruz. Nosotros esperábamos, creyendo que él era el que ha de libertar a Israel; pero a todo esto van dos días que sucedieron estas cosas. En realidad, algunas mujeres de nuestro grupo nos dejaron sorprendidos. Fueron muy de mañana al sepulcro y, al no hallar su cuerpo, volvieron a contarnos que se les habían aparecido unos ángeles que decían que estaba vivo. Algunos de los nuestros fueron al sepulcro y hallaron todo tal como habían dicho las mujeres; pero a él no lo vieron".

Entonces Jesús les dijo: "Qué poco entienden ustedes y cuánto les cuesta creer todo lo que anunciaron los profetas! ¿No tenía que ser así y que el Cristo padeciera para entrar en su gloria?". Luego comenzando por Moisés y recorriendo todos los profetas, les interpretó todo lo que las Escrituras decían sobre él. Cuando ya estaban cerca del pueblo al que ellos iban, él aparentó seguir adelante. Pero le insistieron diciéndole: "Quédate con nosotros, porque cae la tarde y se termina el día". Entró entonces para quedarse con ellos. Una vez que estuvo a la mesa con ellos, tomó el pan, lo bendijo, lo partió y se lo dió. En ese momento se les abrieron los ojos y lo reconocieron, pero ya había desaparecido. Se dijeron uno a otro: "¿No sentíamos arder nuestro corazón cuando nos hablaba en el camino y nos explicaba las Escrituras?" (Lucas 24:13-32).

Hay muchas cosas que destacar en esta historia. Vean cómo les tomó tiempo a estos dos discípulos sufrir la pérdida de su amigo. Su jornada de dolor desde Jerusalén hasta Emaús fué de treinta kilómetros (7 millas aproximadamente), simbolizando uno largo. Claramente ellos estaban deprimidos y con ira; aún no habían alcanzado la etapa de aceptación de la muerte de Jesús.

Nótese además, cómo Jesús les invita a que le cuenten la triste historia de su pérdida. Fué solamente después que terminaron de contar los eventos alrededor de su pena, que ellos pudieron escuchar lo que Jesús tenía que

decirles. Fué en el momento de partir el pan que ellos estuvieron listos para ver al Cristo resucitado. Más tarde los dos fueron a contar a los demás discípulos y recordarían cómo sus corazones les quemaban por dentro, mientras escuchaban las palabras de sanación y esperanza de Jesús.

Cada uno de nosotros ya hemos empezado nuestra jornada de dolor, algunas veces por más de un ser querido al mismo tiempo. Lo empezamos contando nuestra propia historia, pero continúa cuando escuchamos al Señor. Podemos escuchar su voz a través de la oración. La oración nos ayuda a aquietar nuestras vidas de tal manera que podamos escuchar a Dios que nos habla. No necesitamos multiplicar nuestras oraciones recitadas formales para hacer esto. Como Jesús nos enseñó: "Tu Padre sabe lo que necesitas antes que se lo pidas" (Mateo 6:8)

El Señor tiene mucho para decirnos y mostrarnos en nuestro duelo. Él viene a nosotros habiendo sufrido pérdida y muerte en carne propia. Él viene a nosotros con comprensión, suavidad, paz, amor, apoyo y fortaleza. Orar, algunas veces es difícil cuando estamos sufriendo por la pérdida de un ser querido. De alguna manera, las palabras se nos quedan pegadas en la garganta; pero una oración de escuchar puede ser sanadora, tranquila y llena de crecimiento. Puede ayudarnos a atravesar las últimas millas en el camino de Jerusalén a Emaús y permitirnos reconocer y poner atención a ese extraño que se nos acerca en el camino. Y puede dejar "ardiendo nuestros corazones por dentro".

PREGUNTAS

Mientras atraviesas tu jornada de duelo, tú continuarás experimentando altas y bajas, dudas y temores. Dios está contigo en tu jornada. Todo lo que necesitas es escuchar. Trata de escribir algunos pensamientos a las siguientes preguntas en el espacio designado. Comparte tus respuestas con alguien más si lo deseas.

¿Cómo te identificas con la experiencia de Jesús en el Huerto de Getsemaní?

¿Has caminado lo suficientemente lejos en tu duelo como para ser capaz de escuchar a Dios? ¿Qué has empezado a escuchar?

¿Cómo le responderías a alguien (o a tí mismo/a) que dice, "Estoy muy enojado/a como para rezar" o "Dios no ha escuchado mis oraciones"?

¿Qué piensas que los discípulos en el camino a Emaús experimentaron cuando "sus corazones les ardían por dentro"?

¿Has tenido una experiencia similar en tu jornada de duelo? Descríbelo.

¿Cuándo serás capaz de caminar con otros en su jornada de duelo? ¿Cómo empezarías?

Una Llamada a Caminar más Allá de la Pérdida

"Ella murió muy joven", decía Tim llorando. "Mi pequeña hija María sólo tenía tres años. Ella no debería haber muerto. Ahora no me queda nada".

"Yo pensé que nos casaríamos y viviríamos juntos para siempre", sollozaba Peg. "Ahora que mi esposo Jim murió, la vida no tiene sentido para mí".

Tim y Peg así como más gente de la que podamos contar, han experimentado la pérdida de un ser querido. Con la muerte, la vida parece llegar a su fin para ellos también. Se sienten desanimados, temerosos, desdichados y solitarios. Ellos han perdido el sentido en sus vidas.

Sin embargo, otros que han sufrido como Tim y Peg, han encontrado de alguna manera una forma de transformar su dolor y pérdida en instrumentos para edificar su fé y esperanza. Sus pérdidas eventualmente les han hecho confiar no en ellos mismos, sino en Dios. Ellos reconocen su impotencia, pero en ese reconocimiento viene la fuerza para moverse en su jornada de duelo. Ellos lo hacen con una confianza plena y con una dependencia de Dios en vez de en ellos mismos.

El camino que recorremos después de la pérdida de un ser querido, puede convertirse en un camino hacia una nueva vida. Para nosotros eso es duro de escucharlo, cuando estamos en los comienzos de nuestro duelo. La espiritualidad es probablemente la cosa más lejana en nuestras mentes. Nuestras emociones están siendo arrancadas crudas. Estamos sufriendo y con un gran dolor.

"No quiero rezar", gritó Susana. "No puedo! ¿Cómo pudo Dios quitarme a Bill?"

"¿Cómo podré hablar con Dios de nuevo?", preguntó Tim con enojo.

Aún así, Susana y Tim expresaron esos sentimientos en un retiro de fin de semana que tuvieron después de meses de la muerte de su esposo e hija respectivamente. Ellos de alguna forma sabían que necesitaban "pasar un tiempo con el Señor", como Susana lo expresó. Ellos dijeron que no podían rezar, pero aún así voluntariamente asistieron a un lugar donde "orar" era la orden del día. De alguna forma, sin darse cuenta, Susana y Tim experimentaron un llamado interior a moverse en su jornada de duelo a un poder que va más allá de ellos mismos.

La historia de la Anunciación puede enseñarnos cómo es posible movernos del dolor a la gracia. María fué llamada a enfrentar lo imposible: "¿Cómo podré ser madre si no tengo relación con ningún hombre?" (Lucas 1:34). Ella perdería todo lo que había esperado: una vida apacible con José y el amor y respeto de su familia, amigos y vecinos.

María pudo haber dicho: "No, tú estás pidiendo mucho"; pero en lugar de eso ella dijo: "Yo soy la servidora del Señor; hágase en mí lo que has dicho" (Lucas 1:38). Su respuesta a la petición de hacer lo imposible fué confiar en Dios y comenzar una jornada que la llevaría más allá de sus pérdidas hacia una vida nueva. Su ímpetu de fé, su inequívoco "Sí" a lo imposible, no sólo enriqueció y vivificó a María, sino que resonó a través de todas las generaciones.

Es ese mismo ímpetu de fé que Dios nos pide que tengamos. "Bienaventurados los que sufren..." (Mateo 5:4), nos prometió Jesús. Sí, se nos está pidiendo hacer lo imposible, pero nada es imposible con Dios.

"Mi hijo amado, yo te amo y nunca te dejaré"

¿Dónde estás ahora en tu jornada de duelo? En las siguientes páginas, describe dónde has estado, qué piensas que te espera más adelante y cómo has experimentado la presencia de Dios? Si necesitas más espacio para escribir, puedes agregar otras hojas a tu libro.

_____

_____

_____

_____

_____

_____

_____

_____

_____

_____

_____

_____

_____

_____

_____

_____

_____

_____

_____

_____

_____

_____

ORACIÓN FINAL

Lee en voz alta la "Oración de la Serenidad" que está en la página 84 de este libro.

Moviéndose Hacia El Fin

ORACIÓN

El Señor es mi pastor,
nada me falta.

En verdes pastos
Él me hace reposar.

Y a donde brota agua fresca
me conduce.

Fortalece mi alma.

Por el camino bueno me dirige
por amor de su Nombre.

Aunque pase por oscuras quebradas,
no temo ningún mal,
   porque tú estás conmigo.

Tu bastón y tu vara me protegen.

Salmo 23:1-4

Lecturas Adicionales de las Escrituras:
- Lucas 23:33, 39-43
- Juan 16:20-14
- Colosenses 4:1-4

REFLEXIÓN

Decir Adiós y decir Hola

Todo crecimiento es decir adiós y decir hola. Al nacer decimos adiós al seno materno y decimos hola al mundo. Nosotros decimos adiós a la niñez antes de decir hola a la experiencia de la edad adulta. Decimos adiós al pasado antes de decir hola al futuro.

Las despedidas no tienen que ser dichas con ira/enojo ni tampoco con dolor; pero deben ser dichas, aunque nunca sea placentero hacerlo.

La despedida más dolorosa es la que le decimos a un ser querido después de su muerte. Nadie puede prepararnos para esta despedida, pero aún eso puede llevarnos a un hola al crecimiento.

La vida no está supuesta a detenerse con la muerte de un ser querido. Nosotros sabemos eso ahora. Continuamos viviendo; en realidad continuamos creciendo. No sabemos por qué hemos sido llamados a enfrentar nuestro duelo; pero de la cosa que debemos estar seguros es, que no nos fué dado como castigo. Dios no pone una vida en contra de otra y tampoco toma una vida para castigar otra vida.

La muerte de nuestro ser querido no ocurrió para que podamos crecer; el crecimiento puede ser el resultado de ese evento, si no tomamos la muerte como una sentencia a una vida de tristeza y soledad.

Tenemos muchas experiencias nuevas por venir. Tenemos nuevos mundos por explorar, nuevos sentimientos que experimentar y nuevas relaciones por desarrollar. Nada de esto vendrá fácil o rápidamente. Nosotros gatearemos antes de caminar. Es como comenzar una vida nueva toda completa una vez más. ¡Pero puede pasar!

Necesitamos darnos a nosotros mismos el permiso de decir adiós para poder decir hola. La vida futura está sin trazar y es incierta, pero tiene que ser vivida al máximo. Dios nos está llamando a caminar hacia una nueva vida y Él ha prometido que estará con nosotros para ayudarnos.

(Para lecturas futuras, vea *"Don't Take My Grief Away"* por Doug Manning)

PREGUNTAS

Mientras buscas terminar con esta etapa de tu jornada de duelo, reflexiona en cuán lejos has llegado y a dónde necesitas ir todavía. Trata de escribir algunos pensamientos a las siguientes preguntas en el espacio designado. Comparte tus respuestas con alguien más si lo deseas.

Recuerda tus sentimientos iniciales después de la muerte de tu ser querido. ¿Cómo han cambiado?

¿Con qué problemas necesitas todavía lidiar? ¿Cómo lo harás?

¿Has encontrado beneficioso escribir un diario? ¿Por qué?

¿Quisieras continuar reflexionando en tu duelo? ¿Cómo puedes hacerlo?

¿Cuáles son las despedidas que todavía necesitas hacer?¿Cuándo y cómo lo harás?

¿Cuáles son algunas de las cosas nuevas a las que debes decir hola?

Estableciendo Metas Realistas

Todos tenemos metas, pero algunos de nosotros somos más exitosos que otros en alcanzarlas.Cuando el problema es superar nuestro duelo y cómo movernos de eso, establecer metas realistas es aún más difícil que lo usual, debido a las emociones que están involucradas.

Aquí hay algunas sugerencias para ayudarte a stablecer y alcanzar tus metas en tu jornada de dolor:

1. Haz una lista de las cosas que quisieras lograr en el tiempo determinado que te has dado a ti mismo/a. Refl exiona: ¿Son éstas realmente tus metas? ¿Son ellas merecedoras del esfuerzo? ¿Cómo sabrás cuándo has alcanzado una meta en particular? ¿Son las metas posibles de realizar considerando tu horario, fi nanzas, talentos y aún la oposición de los demás? Asegúrate de tener tus metas claras, específi cas, moderadas y que valgan la pena hacerlas.

2. Organiza tus metas por cada período de tiempo en orden de importancia.

3. Trabaja en las cosas específi cas que te permitan lograr tus metas. Habla con los demás y no tengas miedo de pedir su ayuda.

4. Escoge las metas que pueden ser empezadas inmediatamente y que tengan la mejor probabilidad de éxito en un corto tiempo. (Puede ser necesario que pongas a un lado tus metas más importantes hasta que tengas más tiempo o estés más preparado/a para hacerlo).

5. Cuando hayas escrito tus metas, pónlas en una especie de "folder delicado" en un lugar al que tengas acceso para revisarlo de tiempo en tiempo. (Por ejemplo, pégalo en el espejo del baño, engrápalo en tu libro de citas o en el calendario).

Si sigues estos consejos, comenzarás a lograr algunas de tus metas. Después puedes establecer otras metas, quizá más ambiciosas, hasta que fi nalmente un día tú mirarás y te quedarás sorprendido/a de cuán lejos has avanzado en tu jornada.

"El Señor es mi pastor, nada me falta"

Ahora es el tiempo para cerrar esta parte de tu jornada de duelo. En las próximas páginas, escribe algunas metas para tu vida: cómo te gustaría que sea ahora, en tres meses y en un año a partir de ahora. Si necesitas más espacio para escribir, puedes agregar hojas a tu diario.

Mis Metas Para Ahora

_____

_____

_____

_____

_____

_____

_____

_____

_____

_____

Mis Metas de Aquí a Tres Meses

_____

_____

_____

_____

_____

_____

_____

_____

_____

_____

_____

_____

Mis Metas de Aquí a Un Año

_____

_____

_____

_____

_____

_____

_____

_____

_____

_____

_____

_____

ORACIÓN FINAL

Lee en voz alta la "Oración de la Serenidad" que está en la página 84 de este libro.

APÉNDICES

Escribiendo El Diario En Los Días De Fiesta

Sugerencias Para Lecturas Futuras

Grupos De Apoyo Para Duelo

Oraciones Para Las Personas En Duelo

Guía Para El Facilitador

Reconocimientos

Escribiendo El Diario En Los Días Feriados

Los días de fiesta pueden ser tiempos especialmente difíciles para los que sufren una pérdida. Hay más enfoque en la familia y amigos, cada uno está con un espíritu festivo; hay muchas actividades especiales (con frecuencia cansadoras) y los recuerdos de días de fiesta anteriores, compartidos con el ser querido fallecido, pueden ser fuertes. Celebrar los días feriados será diferente para tí ahora de lo que fué en el pasado. Sería muy beneficioso que te enfoques en cómo afrontar el estrés de estos tiempos, escribiendo en tu diario.

En las siguientes dos páginas, describe cómo celebrabas los días de fiesta con tu ser que-rido los años anteriores y cómo y con quién celebrarás este año. Mira tus costumbres y tradiciones de días feriados pasados y decide cuáles quieres conservar y cuáles quieres cambiar. Si necesitas más espacio para escribir tus pensamientos, puedes agregar otras páginas a tu diario.

_____

_____

_____

_____

_____

_____

_____

Sugerencias Para Lecturas Futuras

General

Don't Take My Grief Away from Me, Doug Manning, InSight Books, 1979.

The Tree That Survived the Winter, Mary Fahy, Paulist Press, 1989.

What Helped Me When My Loved One Died, edited by Earl Grollman, Beacon Press, 1981.

When Bad Things Happen to Good People, Rabbi Harold Kushner, Avon Books, 1981.

Espiritualidad/ Oración

Blessed Grieving, Joan Guntzelman, St. Mary's Press, 1994

From Grief to Grace, Helen Reichert Lambin, ACTA Publications, 1994.

Gentle Keeping, Mauryeen O'Brien, O.P., Ave María Press, 2008

Praying Our Goodbyes, Joyce Rupp, Ave María Press, 1988.

Praying Through Grief: Healing Prayer Services for Those Who Mourn, Mauryeen O'Brien, Ave María Press, 1997.

Psalms for Times of Trouble, John Carmody, Twenty-Third Publications, 1995.

Muerte de un Cónyuge

The Death of a Husband, Helen Reichert Lambin, ACTA Publications, 1997

The Death of a Wife, Robert L. Vogt, ACTA Publications, 1996.

When Your Spouse Dies, Cathleen Curry, Ave María Press, 1998.

Muerte de un Padre/Madre

Finding Your Way, Richard Gilbert, Ave Maria Press, 1999.

Motherless Daughters, Hope Edelman, Dell Publishing, 1995.

When Your Parent Dies, Cathleen Curry, Ave María Press, 1993.

Muerte de un Niño/a

Always Precious in Our Memory, Kristen Johnson Ingram, ACTA Publications, 1998.

Dear Parents, edited by Joy Johnson, Centering Corporation, 1999.

Empty Arms, Sherokee Ilse, Wintergreen Press, 1992.

Muerte por Suicidio

My Son...My Son, Iris Bolton, Bolton Press, 1983.

Suicide: Prevention, Intervention, Postvention, Earl Grollman, Beacon Press, 1971.

Libros para Niños

The Fall of Freddy the Leaf, Leo Buscaglia, Holt, Reinhart and Winston, 1982.

Hope for the Flowers, Trina Paulus, Paulist Press, 1972.

"Love, Mark," Mark Scrivani, Hope for Bereaved, 1986.

A Taste of Blackberries, Doris B. Smith, Scholastic Book Services, 1976.

Libros de "Ayuda"

Grief Counseling and Grief Therapy, Second Edition, J. William Worden, Springer Publishing Company, 1991.

No Time for Goodbyes, Janice Harris Lord, Pathfinder, 1987.

On Children and Death, Elisabeth Kubler-Ross, MacMillan Publishing, 1983.

Understanding Grief, Alan D. Wolfelt, Accelerated Development Publishers, 1992.

Revistas y Boletines Informativos

Bereavement, Bereavement Publishing, (719-266-0006).

Journey, National Catholic Ministry to the Bereaved, (440-943-3480).

Healing Ministry, Prime National Publishing, (781-899-2702).

GRUPOS DE APOYO PARA DUELO

"El funeral fué hace seis meses y cada persona que me encuentro me dice que yo debería estar mejor, o por lo menos su mirada lo sugiere" me dijo Juana cuando la ví fuera de la iglesia una mañana calurosa de verano.

"Yo sé que ya pasó un tiempo", me dijo llorando, "pero no me siento mejor. Lo peor es que no sé qué hacer al respecto. Necesito hablar con alguien que sepa por lo que estoy pasando". Verdaderamente Juana está en lo correcto. Ella conoce muy bien sus emociones. Ella también está conciente de lo que realmente necesita, alguien con quien compartir sus sentimientos, alguien que haya experimentado la muerte de un ser querido y sepa por lo que está atravesando.

¿Quién puede entender el dolor, soledad y el cuestionamiento de una persona doliente, mejor que alguien que ha sufrido una pérdida similar?. Aquí está un ministerio de acompañamiento en su forma más alta: aquéllos que han experimentado la muerte de un ser querido, compartiendo su propio dolor con otros en circunstancias semejantes, en un esfuerzo por proveer un medio por el cual puede darse la sanación para ambos.

De allí entonces nació el concepto de "grupo de apoyo para duelo". Este provee la oportunidad para que la persona en duelo sea escuchada, entendida, cuidada y amada. Aunque no es un grupo de "terapia", puede producir crecimiento. No es un grupo de "respuestas" sino más bien un grupo de "preguntas", donde no hay preguntas equivocadas ni respuestas fáciles. Las respuestas vienen de las personas en el grupo, que han experimentado el duelo.

Por ejemplo, cuando Juana pregunta: "¿Cuánto tiempo me tomará para sentirme mejor?", ella no recibirá una respuesta exacta de un grupo de apoyo. En lugar de eso ella escuchará la experiencia vivida por Mónica, Ricardo o Zacarías. Cada uno de ellos tuvo que hacer su propia jornada de dolor y saben por lo que Juana está pasando. Ella quizá reciba muchas respuestas diferentes a esa pregunta que le rasga el corazón y una de ellas tocará un nervio. Juana verá una similitud, una respuesta a sus necesidades, un permiso para vivir en su único ritmo propio.

¿Es un grupo de apoyo la única avenida que deberías tomar? No, es sólo una forma más para conseguir atravesar tu duelo. Está probado que aquellos que han sufrido la pérdida de un ser querido, pueden compartir sus experiencias y ser nutridos en una comunidad amorosa y cuidadosa. Ese sentido de comunidad es extremadamente importante para los que se sienten desconectados y solos en su duelo. Eso es es el fundamento de una vida cristiana.

Si sientes la necesidad de tener a otros a tu lado en esta jornada de dolor, quizá quieras considerar unirte o mejor aún ayudar a formar un grupo de apoyo. Compartir tu dolor, muchas veces puede ayudarte a disminuirlo.

ORACIONES PARA LAS PERSONAS EN DUELO

ORACIÓN DE LA SERENIDAD

Dios, concédeme la serenidad

para aceptar las cosas que no puedo cambiar,

valor para cambiar aquellas que puedo,

y sabiduría para reconocer la diferencia.

Vivir un día a la vez,

disfrutar un momento a la vez;

aceptando los sufrimientos como un camino hacia la paz;

tomando este mundo pecaminoso como es,

tal como Jesús lo hizo,

no como yo lo hubiera hecho;

confiando que Tú harás todas las cosas bien,

si yo me rindo a tu voluntad;

para que esté razonablemente feliz en esta vida,

y supremamente feliz contigo para siempre en la venidera.

Amén.

ORACIÓN DE BENDICIÓN PARA TODOS LOS QUE SUFREN

Que el Dios de la fortaleza esté contigo y te mantenga en manos firmes. Que seas un sacramento de fortaleza para todos los que se te han dado a tu cuidado.

Que la bendición de la fortaleza esté contigo.

Que el Dios de la piedad esté contigo, perdonándote, llamándote, animándote a decir "me levantaré de nuevo e iré a la casa de mi Padre"; que tu disposición para perdonar calme el temor de aquellos que te han herido.

Que la bendición de la piedad esté contigo.

Que el Dios de la maravilla esté contigo, deleitándote con truenos y viento, amanecer y lluvia, encantando tus sentidos, llenando tu corazón, abriendo tus ojos al esplendor de la creación. Que puedas abrir las manos, ojos y corazón de los ciegos e insensitivos.

Que la bendición de la maravilla esté contigo.

Que el Dios de la simplicidad esté contigo, dándote una clara visión de la verdad, dirigiéndote profundamente al misterio de la niñez y que tu trato con los demás esté marcado por la honestidad que es simplicidad.

Que la bendición de la simplicidad esté contigo.

Que el Dios de la paciencia esté contigo, esperándote con los brazos abiertos, dejando que te des cuenta por ti mismo. Que seas paciente con el joven que cae de bajas alturas y el viejo que cae de alturas más elevadas.

Que la bendición de la paciencia esté contigo.

Que el Dios de la paz esté contigo, calmando el corazón que martilla con temor, duda y confusión. Que el manto cálido de tu paz cubra al ansioso.

Que la bendición de la paz esté contigo.

Que el Dios del amor esté contigo acercándote. Que este amor en tí sea para aquellos a los que sirves. Que este amor brille en tus ojos y se encuentre con el amor de Dios reflejado en los ojos de tus amigos.

Que la bendición del amor esté contigo.

Amén.

CON TU AURORA, ENTONCES, TERMINARÁ MI SUFRIMIENTO

¡Señor, tú me has quitado!

Mi pérdida, con languidez me llena y me agota tan rápidamente
como la partida de la flota de un atardecer de océano.

No miré, esta noche, el ocaso rojo o descolorido
mientras que un artista que se encontraba cerca, presentaba en lienzo
su momento resplandeciente en el Tiempo- Tu obra de arte –
radiante para él en matices de color vino.

No. Mi cabeza estaba colgada por el sufrimiento de mi pérdida.
Ahora, en la noche, todavía sufro.
Fué tu voluntad Señor, el haber amado y perder mi Amor.
¿Cómo puedo entender tu Dar y tu Quitar?

¿Qué te empuja a entrelazar, con el pincel de tu antojo,
un ocaso devorado en capas rojas colmadas,
desde el caballete de tu voluntad, para durar sólo el aliento de un momento,
luego echar tu obra maestra en las profundidades del mar?
¿Por qué Envías y Remueves?

"¿Qué es más preciado al corazón", contestas, "la rosa roja cuyos tallos
crecieron de mi tierra, o la rosa de pétalos de tela, tejida a máquina?"
Sin embargo, ¿Cuál rosa perdura … y cuál debe morir?
¿Cuál puede ser ofrecida, luego entregada y cuál, sólo una vez, sería un
Regalo?

Entonces, esto llegó a mí:
El ocaso hecho de químicos artificiales en el lienzo del artista
adornará la pared de la sala de alguien de por vida,
pero el molde auténtico de tu mano, Señor,
fué el Regalo más merecido hecho precioso por su brevedad.
Así es con mi Amor y mi amar.

Pronto aurora. Pronto amanecer.
¿Elevaré mis ojos hacia el este para recibir sus glorias de matices suaves
y aceptar mi Amor perdido por lo que fué,
el Regalo más valioso de todos, de tí para mí?
Con tu aurora, entonces, terminará mi sufrimiento.

Mira ahora. El calor de tu nuevo sol, se derrama sobre mi cara y seca mis
lágrimas e ilumina mis recuerdos y yo sonrío a la promesa de un Nuevo Día.

Señor, tú me has dado!

(A Mortal on the Mend)

ORACIÓN DE LAS PERSONAS EN DUELO

Te devolvemos nuestro ser querido, Señor,
como tú nos lo diste.

Así como no lo perdiste al dárnoslo,
tampoco nosotros lo perdemos al devolvértelo.

Lo que tú das,
realmente nunca lo quitas.

Lo que es tuyo, es nuestro también siempre,
si somos tuyos.

La vida es eterna, Señor,
y tu amor es imperecedero.

La muerte es sólo un horizonte
y un horizonte es nada más que los límites de
nuestra visión.

Levántanos fuertemente, Hijo de Dios, en esa
misma cruz en que fuiste elevado,
para que podamos ver más allá.

Abre nuestros ojos, como abriste los ojos del
hombre ciego de nacimiento,
para que podamos ver más claramente.

Acércanos más hacia tí, como acercaste a los
niños hacia tí,
para que podamos estar más cerca de nuestro
ser querido
que está contigo.

Y mientras preparas un lugar para ellos,
prepáranos para vivir sin ellos por un tiempo.

Amén.

RITO DE PASO

Padre,
me arrodillé una vez ante tí
pedazo por pedazo,
en extrema necesidad de apoyarme en tí.

Te recé para que me arreglaras
y no lo hiciste.

Estaba todavía en pedazos,
de modo que, sintiéndome tan solo,
decidí arreglarme a mí mismo.

Estoy aquí, hoy día, ante tí
con mis piezas todas juntas,
me forcé a pararme de nuevo.

Gracias Padre,
por darme lo que realmente necesité:
la voluntad, que al fin, me hiciera sanar,
La valentía para pararme solo
y la sabiduría para saber que nunca lo estuve.

Amén.

(A Mortal on the Mend)

SERVICIO DE LUZ CONMEMORATIVO

(Este servicio de oración puede ser hecho a solas o con otros)

Padre celestial, estoy en una jornada muy difícil. Yo he luchado para enfrentar la muerte de mi ser querido, una tarea que me ha dejado sufriendo y dudando, solitario/a y muchas veces con temor.

Pero con tu amor, he sido capaz de empezar esta jornada. Yo sé que no se ha terminado y todavía seguiré sufriendo. Quédate conmigo mientras continúa.

Yo trato ahora de conmemorar a mi ser querido en mi memoria y corazón con este servicio de luz.

(Encender una vela)

Yo enciendo esta vela en memoria de mi ser querido que murió, pero ahora vive con el Cristo Resucitado.

Señor, tú eres la luz del mundo. Derrama esa luz sobre mí y me recuerde,

que mi ser querido goza de eterna luz y felicidad contigo.

Amén.

ORACIÓN PARA REUNIÓN

Padre de misericordia y Dios de todo consuelo,
Tú nos sigues con incansable amor
y dispersas las sombras de la muerte,
con el amanecer brillante de vida.

Tu Hijo, nuestro Señor Jesucristo,
al morir ha destruído nuestra muerte,
y resucitando , restauró nuestra vida.
Permítenos, por lo tanto, que avancemos hacia él,
para que, después que nuestro curso terrenal se haya agotado,
Él pueda reunirnos con aquellos que amamos,
donde cada lágrima será enjugada.

Te pedimos esto por Cristo nuestro Señor.

Amén.

(Texto de *Order of Christian Funerals*)

Guía Del Facilitador

Esta guía es para las personas que están facilitando un grupo de apoyo de duelo usando el libro El Nuevo Día. Es muy importante que el facilitador ya haya trabajado para atravesar su propio duelo. Se necesita por lo menos un facilitador por cada ocho personas en el grupo. Si hay más de un facilitador, una persona necesita ser el líder del programa.

INTRODUCCIÓN

Tu papel como facilitador es simplemente hacer que la jornada a través del duelo sea más fácil para aquellos que sufren la pérdida de un ser querido. Aunque tu rol es importante, es también limitado. Lo más probable es que tú no eres un consejero profesional, psicólogo o psiquiatra. Si alguno de los participantes en el grupo muestra o expresa la necesidad de una ayuda profesional, necesitas hacer una referencia inmediata. (Previamente a la primera sesión, asegúrate de haber conseguido los nombres y números de teléfono de terapistas profesionales que estén listos y dispuestos a aceptar nuevos clientes).

Recuerda que es importante para tí como facilitador que te cuides a tí mismo, mientras empiezas a ayudar a otros. Establece un sistema de retroalimentación con otros facilitadores o gente en ministerios. Pón límites a tu disponibilidad a los miembros del grupo, de tal manera que no corras el riesgo de agotamiento o crear dependencias por parte de la gente en tu grupo.

ESQUEMA DEL LIBRO

El Nuevo Día está dividido en: **Parte 1**, "Las Cuatro Tareas del Duelo" y **Parte 2**, "Continuando la Jornada del Duelo". Hay una Introducción para la primera sesión y otras siete sesiones en la Parte 1 y dos sesiones en la Parte 2. Estas deben ser llevadas a cabo en 10 semanas consecutivas. **El Apéndice** también tiene una sección especial para escribir un diario durante los días de fi estas (Navidad, Día de Acción de Gracias etc.), información para leerse en grupos de apoyo para duelo y sugerencias para lecturas futuras referente a duelo. Se incluyeron además oraciones para personas en duelo, las cuales puedes sustituirlas por las oraciones sugeridas. Recomienda a la gente que rece en su propio tiempo y también puedes usar las oraciones en cualquier otra forma que veas que se adapte.

PREPARANDO EL AMBIENTE

Las reuniones del grupo pueden hacerse en un salón cómodo de una iglesia, casa parroquial o en casa de alguien. Deben llevarse a cabo a la misma hora y el mismo lugar cada semana, porque la gente en el proceso de duelo necesita tanta estructura en sus vidas como sea posible. El salón debe ser sufi cientemente pequeño para permitir intimidad, pero sufi cientemente grande para acomodar a todos y tener un espacio para separarse en pequeños grupos si hubieran nueve o más personas.

Te aconsejamos poner una música instrumental suave antes que empiece cada sesión y en cualquier momento que consideres que se necesita un tiempo de refl exión en silencio. Aquí te recomendamos algunas canciones: *Turn to Me, Only in God* y *The Cry of the Poor* por John Foley; *On Eagles Wings, I Have Loved You* y *Be Not Afraid* por Michael Joncas; *Come to Me All You Who Are Weary* y *Here I Am Lord* por Dan Schutte. Grabaciones de estas canciones están disponibles en GIA Publications, 7404 S. Mason, Chicago, IL 60638, 800-442-1358.

Tú quizá quieras tener refrescos y bocadillos disponibles para cuando llegue la gente y durante el descanso en cada reunión. No es importante que estos refrescos y bocadillos sean costosos.

FORMATO SUGERIDO

Es recomendable que cada reunión siga un patrón predecible y que dure aproximadamente la misma cantidad de tiempo. Aquí tienes un bosquejo para una sesión de dos horas:

Introducción/Oración- 5 minutos

Llama a todos a reunirse mientras la música de fondo está sonando. Preséntate a tí mismo y a los co-facilitadores (si los hubieren); luego haz que cada participante se presente a sí mismo y diga el por qué ha venido. Dí a la gente que el propósito de este programa es reunir a personas que han sufrido una pérdida significativa en sus vidas. Recuérdales que es necesario y saludable sufrir y estar en duelo por la muerte de un ser querido y que a menudo es beneficioso compartir y trabajar las tareas del duelo juntos.

Explica la importancia de escuchar, la confidencialidad y dejar que cada uno tenga la oportunidad de compartir.

Luego, empieza la reunión haciendo que alguien lea la oración de entrada para la sesión o usa una de las "Selecciones Adicionales de las Escrituras".

Compartiendo párrafos del Diario - 10 minutos

En la primera sesión, lee en voz alta o deja que ellos lean en voz baja el ensayo corto de "escribiendo un diario", que se encuentra al principio del libro. En las sesiones siguientes, invita a los participantes a compartir con todo el grupo uno o dos párrafos de lo escrito en su diario. Cada uno debe sentirse bienvenido para compartir, pero nadie será obligado a hacerlo.

Lectura/Reflexión – 20 minutos

Lee en voz alta o deja que los participantes lean para sí mismos, la "Reflexión" para la sesión. Permite tiempo para una reflexión en silencio después de la lectura. Invita a cada uno que tenga un comentario a la reflexión para decirlo en el grupo grande.

Preguntas – 15 minutos

Pide a los participantes que escriban brevemente sus respuestas a las seis "Preguntas" en el libro.

Discusión en Pequeños Grupos – 45 minutos

Si hay nueve personas o más, divídelos en grupos de 4-8 personas cada uno. Necesitas un facilitador para cada grupo pequeño. Si hay 8 o menos quédense en un solo grupo grande. Discutan las respuestas a las preguntas de los participantes.

Discusión en el Grupo Grande – 15 minutos

Si han formado grupos pequeños, reúnelos de nuevo y pide a los facilitadores que compartan los puntos más importantes que fueron discutidos en los grupos pequeños. Permite que los participantes hagan comentarios.

Asignación – 5 minutos

Anima a la gente a hacer la "Lectura" y "Escribir el diario" en su libro antes de la próxima sesión. Insísteles que el trabajo hecho entre las sesiones es tan importante como lo que pasa en el grupo.

Oración Final/Anuncios – 5 minutos

Haz que todos lean en voz alta la "Oración de la Serenidad" que se encuentra en la página 83 de este libro.

Finalmente, dí el número, fechas, horas y lugares de las sesiones restantes. Pasa una lista pidiendo a los nuevos participantes que escriban sus nombres, direcciones, números de teléfono y la fecha del aniversario de la muerte de su ser querido. (Estas fechas de aniversarios las harás notar en el tiempo de oración de las sesiones apropiadas).

Termina invitando a la gente a quedarse para compartir los y una conversación informal.

FIN DE LA ÚLTIMA SESIÓN

Al final de la última sesión del grupo, deberías planear un tiempo para resumir lo que el grupo ha hecho y celebrar un servicio de oración especial. Tú puedes empezar diciendo algo como:

"Nos hemos estado reuniendo durante muchas semanas y ahora estamos celebrando el final de algo y el comienzo de algo más. Nos hemos llegado a conocer el uno al otro en formas que sólo poca gente lo hace. Hemos aprendido a aceptar y confiar los unos en los otros y a ser vulnerables en formas que no creíamos posible. Nosotros hemos dejado ir mucho de nuestro dolor y hemos llegado a abrazar nuestro futuro. He observado a cada uno de ustedes crecer en confianza en sí mismos a la par que hacían su ministerio a otros en el grupo. Yo también he notado cualidades únicas en cada uno de ustedes que me demuestran que tienen la capacidad de sanarse de su duelo".

Podrías luego identificar una cualidad que has notado en cada uno de los miembros del grupo. Si has tenido co-facilitadores, quizá ellos deban hacer esta parte.

Después de esto, lee o haz que uno de los participantes lea la oración *Rito de Paso* de la página 87 de este libro. Luego dirige el *Servicio de Luz Conmemorativo* que está en la página 88 de este libro. (Nota: Este servicio puede también reemplazar a la *Oración de la Serenidad* al final de cualquiera de las reuniones regulares).

Termina la sesión con esta bendición:

" Que puedas sentir el poder de esta pequeña comunidad de gente que te ama, mientras continúas sanando y creciendo después de la muerte de tu ser querido. Nuestros pensamientos, oraciones y amor serán siempre parte de tu nueva vida y te dará fortaleza para continuar tu jornada. Amén."

Sugiere a los participantes que continúen escribiendo su diario, especialmente durante los tiempos de fiesta (holidays) y que consideren también las lecturas futuras de la lista en este libro. Finalmente, anuncia que es una buena idea que el grupo se reúna nuevamente después de tres meses para ver cómo ha ido progresando cada persona en su jornada de duelo. Permite que sean ellos los que decidan la fecha de la reunión, pero asegúrate de recordarles a cada uno por email, teléfono o correo cuando se acerque la fecha.

(Algunos participantes tal vez decidan no venir a la reunión, por lo que no deben ser pre-sionados para hacerlo.)

Pueden haber sentimientos fuertes entre los miembros del grupo al finalizar estas sesiones. Algunos participantes pueden expresar su preocupación de necesitar que el grupo continúe. Apúntales hacia la próxima reunión y asegúrales que están progresando muy bien. Si es necesario, sugiéreles que consideren repetir el programa con un nuevo grupo.

Anima a la gente a quedarse para compartir los refrescos y una conversación informal. Pide a cada participante llenar la evaluación antes de retirarse.

REUNIÓN (DESPUÉS DE TRES MESES)

La reunión puede ser un evento muy informal de una o dos horas. Se deben servir refrescos y se puede pedir a todos traer algo para compartir. Animar a los participantes a compartir sus diarios desde donde estuvieron hasta donde se encuentran ahora en su jornada de duelo. La mayoría de la gente ha tenido un progreso grande. A aquéllos que todavía están estancados, hay que animarlos a continuar y decirles que las cosas mejorarán.

A esas personas se les puede sugerir también que consideren repetir las diez sesiones con un nuevo grupo, para continuar ayudándose a sí mismos y para ayudar a otros. (Muchas personas que participaron en este programa más de una vez, se convierten en excelentes facilitadores para futuros grupos).

Finalmente, puedes repetir todo o parte del resumen y servicio de oración usados al final de la última sesión.

EVALUACIÓN

Al fi nal de la última sesión, debe pedirse a los participantes que llenen una evaluación simple. Después, los facilitadores se reúnen la siguiente semana para revisar las respuestas para hacer su propia evaluación de las sesiones, para apoyarse mutuamente y planear las futuras sesiones basadas en los resultados de éstas.

Modelo de preguntas para la evaluación:

1. ¿Qué esperabas conseguir de este programa?

2. ¿Has logrado o no tus expectativas?

3. ¿Cambiarías algo en este programa? Por favor sé específico/a en tus sugerencias.

CONCLUSIÓN

Facilitar el proceso de duelo de otros puede ser una experiencia tanto difícil como gratificante. Es importante que recuerdes varias cosas:

- Tú también estás en duelo, porque el dolor es parte de la condición humana.

- No puedes hacer el trabajo del duelo por ellos o hacer que sus vidas mejoren. Tú sólo puedes animarlos a hacerlo por ellos mismos.

- Tú no puedes hacer esto solo/a. Necesitas un equipo o colegas con quienes compartir por lo que estás pasando.

- Tú serás recompensado/a por tu esfuerzo con la gratitud de los demás y tu propio crecimiento.

¡ Que Dios te Bendiga !

RECONOCIMIENTOS

Mi agradecimiento especial al Dr. J. William Worden, autor de *Grief Counseling and Grief Therapy*, en cuyo trabajo se basa este libro y a Vincent Marquis, autor de *A Mortal on the Mend,* cuya poesía la encontramos en la sección de oraciones.

Estoy agradecida a Cecilia O'Brien y Donald Pyers por su contribución en la agrupación de este texto y a los primeros facilitadores de los seminarios Nuevo Día, quienes dirigieron y evaluaron el material: Rose DeJager, Kenneth Stanton, Marie Esposito, Noreen Pintarich, Philip Gravel, Andrew Poto, Carmella Jameson y Maru Ann Zelek.

Hago un especial reconocimiento a Carmel Avitabile and Eleanore Boruch, quienes han facilitado muchos grupos de Nuevo Día y continúan ayudando en el entrenamiento de nuevos facilitadores del Nuevo Día.

Gracias a la Asociación de Cementerios Católicos, la Arquidiócesis de Hartford, D'Esopo Funeral Chapel en Wethersfield, Connecticut y la casas funerarias Newkirk y Whitney en East Hartford por su apoyo especial al programa "El Nuevo Día".

Finalmente, gracias a Gregory Pierce de ACTA Publications por su constante estímulo e incansable corrección de esta revisión de *El Nuevo Día.*

Se hicieron todos los esfuerzos para determinar la autoría de todos los textos que han sido citados o adaptados y para hacer los arreglos para su uso. Cualquier descuido u omisión que haya ocurrido, será corregido en futuras ediciones.